2015 Lee Won-Ro

시간의 주름

Wrinkles in Time

포엠포엠 시인선 008

이원로 15번째 시집
Lee Won-Ro's 15th Poetry Collection

시간의 주름
Wrinkles in Time

이원로 LEE WON-RO

시인의 말

우리의 삶은 끝없는 추구의 연속인 듯싶다. 소망과 뜻을 한 곳에 모아 멋지고 알차며 의미 있는 삶을 이루어 가도록 추구의 에너지가 우리에게 주어졌으리라. 지극한 추구의 에너지는 정교한 기술과 지식을 총동원하여 대우주, 소우주, 미세우주 및 초미세우주에서 놀라운 새 영역을 열어가고 있다. 보이고 들리던 것들은 더욱 명확히 더욱 깊이 드러내고, 안보이고 안들리던 것들은 새로이 보고 듣도록 해 주고 있다. 실제로 인지가 밝혀가고 있는 영역은 예상을 넘어 급속도로 확대되어 가고 있다. 이 과정을 통하여 우리의 지혜와 명철도 더욱 높은 차원으로 진입될 것으로 기대 된다.

우리에게 주어진 추구의 에너지는 경이롭고 장엄한 시간의 주름이 이루어져가는 과정과 차원을 넘으며 불확정적으로 여겨졌던 우주를 확정의 우주로 우리가 깨닫게 되도록 지속적으로 신비의 베일을 벗겨가게 될 것이다. 그러하니 여기를 지나고 다음을 넘으며 드디어 모든 에너지의 원천에 도달하여 가는 인지의 추구과정을 직접 목격하게 된 우리는 진정 놀라운 선물을 받은 큰 기쁨의 소유자임에 틀림없다.

이 시집은 편의상 다섯 부분으로 나누어 엮어졌다. 〈놀라운 선물〉은 일상에서 기적을 볼 수 있게 눈을 열어주는 경외와 거룩을 향한 우리의 머리 숙임이 기록되어 있으며 몇 차원인지 알 수 없는 우주의 신비 속을 부단히 장막들을 헤치며 창조자를 향하여 비상해 가는 삶을 〈시간의 주름〉에서 그려 보았다. 의심과 불신으로 번민하는 영혼들의 편력이 〈앞발질 뒷발질〉에 기록되어 있으며 외로운 영혼과 구원자 사이에서 야기되는 간구와 긍휼의 연동절차(접촉 메커니즘)를 〈마중불〉에서 다

루고 있다. 완성에 도달하려는 끈덕진 염원과 허물을 벗어 던지고 진수와 합일하려는 끝없는 갈망을 〈마무르기〉에 실었다.

우리의 마음과 생각은 직렬회로가 아니라 병렬회로이며 동시다발적이다. 이 시집에서는 언어의 배열을 평소와는 다르게 심상과 심금의 반응을 병렬적으로 유도한다는 취지에서 "날개 펼치기" 식으로 시도 해 보았다. 주제, 부주제 및 변주 등으로 좀 더 정교하고 조화롭게 다양한 울림과 내용을 표현해 보고자 하는 의도가 담겨져 있다. 이 시집을 대하는 이마다 끝없는 추구의 보답으로 단절 없는 삶의 무한한 기쁨과 평강 속에 도달하게 되길 바란다. 이 책을 펴내는데 수고하여 주신 여러분께 깊은 감사의 말씀을 드린다.

Preface

Life appears to be an endless series of pursuit. The energy of pursuit must be given to us to carry out an admirable, fruitful and trustworthy life by focusing our cherished aspirations and great determinations. Awesome new horizons have been explored and revealed in macrocosm, microcosm and ultramicrocosm by this amazing energy of pursuit with full mobilization of its remarkable ingenuity. What has been seen and heard have become more clear and distinctive, and what has been unseen and unheard have become disclosed. In fact, the realm of human intellectuality has been expanding very rapidly beyond measure. Along with this process, it is expected that our wisdom and understanding would be also elevated into a higher dimension.

Our energy of pursuit will continue to lift the veil of mystery of the universe, passing through the paths and levels of progress being imparted by the marvelous and magnificent wrinkles of time, in order for us to come to realize that the universe of uncertainty(contingency) once we believed has been transforming into the universe of certainty(predestination). Thus, it can be said that we are the ones who are the immensly blessed since we are witnessing the glorious march of our energy of pursuit, crossing over what has been and surmounting what will be, and at long last arriving at the headspring of all energies of the universe.

The poems in this book are partitioned into five sections for the sake of convenience. ⟨Amazing Gift⟩ depicts our sincere respect for the most high and lofty who grants us to see miracles in everyday life. Persistent soaring of our spirit, advancing through the innumerable curtains of mystery of the unfathomable universe, toward the Creator is described in ⟨Wrinkles in Time⟩. A pilgrimage of a soul agonizing in doubts and mistrusts are recorded in ⟨Kicking with All Four Legs⟩. ⟨Kindling Fire⟩ tries to reveal interlocking mechanisms between entreaties of desolate souls and the compassion of the Redeemer. Our yearnings for the consummation and ardent wishes for attaining the quintessence of life are recorded in ⟨The Final Touch⟩.

The circuits of our thought and mind are connected not only in series but mostly in parallel fashion so as to be multiprocessing simultaneously. In this volume, apart from my previous books, the verses are arranged in a "Wing Stretching" pattern in the hope that it might provide the means to touching the chord in a parallel manner. In addition to a theme, subsidiary themes and variations are utilized in order for the innermost feelings and contents to be orchestrated in more exquisite and harmonious ways. I wish that every reader of this book will attain endless joy and peace of life as a reward for his or her ceaseless pursuit. I would like to extend my deepest thanks to all those who have worked so hard to enable the publication of this book.

차례 Contents

시인의 말 · 6
Preface · 8

제1부
놀라운 선물 Amazing Gift

신비로운 눈 · 16	Mysterious Eyes · 17
어느 좋은 날 · 18	One Fine Day · 19
장려한 선회 · 22	Magnificent Revolution · 23
채널이 열려온다 · 26	Channels Lie Open · 27
묶인 발자국 · 30	Tied Footsteps · 31
누군가 분명히 · 34	Someone Clearly · 35
하늘의 슬픔 · 38	Heavenly Sorrow · 39
그런 날 · 40	Such a Day · 41
피어나는 우주 · 42	Blooming Universe · 43
놀라운 선물 · 44	Amazing Gift · 45

제2부
시간의 주름 Wrinkles in Time

누군가 그리 했으리 · 50	Someone Must Have Done So · 51
모두가 흐른다 · 52	Everything Flows · 53
오늘과 내일 · 54	Today and Tomorrow · 55
순례 · 58	Pilgimage · 59
청초한 눈매 · 62	Delicate Eyes · 63
귀환 · 64	Return · 65
집착 · 66	Obsession · 67
시간의 주름 · 68	Wrinkles in Time · 69
아픔과 두려움 · 76	Pain and Fear · 77
겨울 밤길 · 78	Path on a Winter Night · 79

제3부
앞발질 뒷발질 Kicking with All Four Legs

돛뿐인 배 · 82	Boat with Only a Sail · 83
두 친구 · 84	Two Friends · 85
베갯머리 · 86	Bedside · 87
영혼의 닻 · 88	Anchor of the Soul · 89
앞발질 뒷발질 · 92	Kicking with All Four Legs · 93
두 천사 · 94	Two Angels · 95
잠깐이면 되지 · 96	It Won't Take Long · 97
예감 · 98	Premonition · 99
넘어서기 · 100	To Overcome · 101
모르도록 정해진 나라 · 102	A Country Set To Be Unknown · 103

제4부
마중불 Kindling Fire

마중불 · 108　　　　　　　　Kindling Fire · 109
허상 · 110　　　　　　　　　Illusion · 111
천치들의 소망 · 114　　　　　The Wishes of Fools · 115
하늘만 바라봅니다 · 116　　　Gazing Up Only on High · 117
두드리는 이 · 120　　　　　　The One Who Knocks · 121
울부짖는 바람 · 122　　　　　The Howling Wind · 123
이상 · 126　　　　　　　　　Ideals · 127
리허설 · 128　　　　　　　　Rehearsal · 129
수확기 · 130　　　　　　　　Harvest Time · 131
지금이 그때 · 134　　　　　　Now Is Time · 135

제5부
마무르기 The Final Touch

유전자문紋 · 138	DNA Print · 139
철 들 무렵 · 142	The Age of Discretion · 143
치유의 강 회복의 바람 · 144	River of Healing, Wind of Recovery · 145
갈망 · 146	Thirst · 147
소리와 고요 · 148	Sound and Silence · 149
우주곡예宇宙曲藝 · 150	Space Acrobatics · 151
길들의 대화 · 154	Dialogue between Roads · 155
선조前兆 · 156	Aura · 157
먼 장래 · 160	Far into the Future · 161
마무르기 · 162	The Final Touch · 163

■ 작품 해설 | 존재론적 자기 완성을 위한 신성 지향의 종교적 상상력
　　　　　이원로의 시세계 — 유성호(문학평론가, 한양대 국문과 교수) · 167

제1부

놀라운 선물 Amazing Gift

신비로운 눈

측량할 수 없이 깊은 당신의 눈을 바라봅니다
당신의 신비로운 눈 속으로 끌려 들어갑니다
전에 못 보던 놀라운 세상을 우리에게 열어주고자
깊이 숨어있는 크나큰 우주로 우리를 인도하고자
그토록 오래 부르시던 당신의 신비로운 눈입니다

    가마득한 우리의 시작과 끝이 당신의 눈 속에서
    머리가 꼬리를 물어가며 경이로운 춤을 시작합니다
    무수한 색깔과 음률이 기묘하게 구름처럼 얽히며
    한없는 시공에서 끊임없이 큰 소용돌이를 이룹니다
    솟구쳐 오르는 불길과 파도가 온 우주를 채워갑니다

당신의 불가사의한 눈 속으로 붙들려 들어왔습니다
우리의 슬프던 눈이 놀라운 기쁨으로 황홀해집니다
아프던 우리의 마음이 지극한 평강으로 가득 찹니다
갇히었던 우리의 영혼이 큰 자유 속으로 풀려납니다
당신의 눈 속에서 우리가 살 새 우주가 생겨나옵니다

Mysterious Eyes

We are looking into your fathomlessly deep eyes.
We are drawn inside your mysterious eyes.
To open for us an inscrutable world previously unseen;
To guide us to an enormous universe hidden deeply;
Your mysterious eyes have called to us for so long.

> *In your eyes, our far distant beginning and end*
> *start a marvelous dance, head biting tail.*
> *Countless colors and melodies entwine like clouds*
> *in an endless swirl of eternal time and place.*
> *Soaring flames and waves fill the whole universe.*

We are caught inside your arcane eyes.
Our sorrowful eyes become enraptured with great joy.
Our painful mind is filling with profound peace abundantly.
Our soul is released from slavery into incredible freedom.
In your eyes, a new universe emerges where we will live.

어느 좋은 날

심으시는 손이
마음에 찾아와
흔적이 새겨집니다

    때가 차오르는
    어느 좋은 날에
    놀라운 트임을 보게 되리라

피우시는 뜻이
생각으로 들어와
날개를 달아 줍니다

    때가 무르익는
    어느 좋은 날에
    우주의 절정을 알게 되리라

여무시는 이
안보이는 것들 속에
환희의 신비를 간직하십니다

One Fine Day

The hand of the planter
visits with the mind
inscribing indelible marks.

> *On one fine day*
> *when time waxes*
> *we'll see a wonderful awakening.*

The will of the bloom
comes into the thought
putting up the wings.

> *On one fine day*
> *when time ripens*
> *we'll realize the ends of the universe.*

The one who ripens
into the unseen
treasures up joyful mysteries.

때가 거두어 드리는
어느 좋은 날에
진리로 거룩하게 되리라*

* 요한복음 17:17

On one fine day

when time reaps

*we'll be sanctified by truth.**

* John 17:17

장려한 선회

강물처럼
파도처럼
삶은 흐르고
바람타고
구름타고
꿈이 스쳐가네

  애타는 외침들
  울부짖는 사랑들
  우주를 흔들고
  열망의 율동들
  시공을 넘어서
  황홀한 무늬를 이루네

파도처럼
강물처럼
꿈은 흐르고
구름타고
바람타고
삶이 스쳐가네

Magnificent Revolution

Like the river
Like the waves
Life flows;
Riding on the wind
Riding on the clouds
Dreams pass away.

> *Agonizing cries*
> *wailing love*
> *shake the universe;*
> *Rhythms of aspiration*
> *transcend time and space*
> *forming an enchanting pattern.*

Like the waves
Like the river
Dreams flow;
Riding the clouds
Riding the wind
Life rolls away.

애타는 사랑들
울부짖는 갈망들
시공을 흔들고
열망의 외침들
우주를 넘어서
장려한 선회를 이루네

Agonizing love
wailing longing
shake time and space;
Cries of aspiration
transcend the universe
making a magnificent revolution.

채널이 열려온다

커튼을 걷어내라
창문을 젖혀내라
채널이 열려온다

  거대한 불기둥의 발레 속에
  불가사의한 구름기둥의 율동이
  무한으로 들어가는 길을 내어간다

영묘한 성운들이
지평을 무너뜨리고
휘몰아치며 밀려든다

  성좌를 띄우고 가라앉히는 불
  은하를 드러내고 감추어 가는 구름
  영원한 에너지가 펼치는 불멸의 장관

채널을 열어라
뇌수의 지평으로
우주의 심장으로

Channels Lie Open

Clear away the curtain!
Fling the window open!
Channels lie open!

>*Within a ballet of enormous pillars of fire*
>*The rhythms of mysterious pillars of clouds*
>*are cutting a path into infinity.*

Whirles of ethereal nebulae
Breaking through the horizon
surge upon us in stampede.

>*The fire floats and sinks constellations.*
>*The clouds reveal and conceal galaxies.*
>*Endless energy presents an immortal spectacle.*

Open the channels!
Beyond the horizon of the brain!
Into the heart of the universe!

수억만 광년 전 것이 지금 들어온다
수억만 광년 후 것이 지금 일어난다
영원으로 들어가는 길이 드러나 간다

What was millions of light years ago now arrives.
What will come in millions light years is happening now.
The path to eternity has been revealing itself.

묶인 발자국

바라보는 지평 너머로
무수한 길이 놓여 있다

    보이는 길
    보일 듯 한 길
    보이지 않는 길

발자국이 길을 내어 가는가
길이 발자국을 끌어가는가

    헤치며 한참 가다 보면
    능동이라 여겼던 발자국이
    피동의 발자국이 되어 간다

길을 내어 가던 발자국이 어느새
길에 묶인 헌신의 발자국이 된다

    발자국 소리가 요란 할수록
    길의 부름 소리가 안 들린다
    옆길로 빠지지 않게 낮추어야지

Tied Footsteps

Numerous roads are ahead
beyond the horizon.

> *There are visible roads.*
> *There are barely visible roads.*
> *There are invisible roads.*

Is it the footstep that is opening a road?
Is it the road that is leading the footstep?

> *Breaking through roads quite a while,*
> *seemingly leading footsteps once*
> *have become footsteps now following.*

The footstep that is cutting the road has become
the footstep tied devotedly to the road unnoticed.

> *The louder the footsteps*
> *the fainter the call of the roads.*
> *Leave not the sounds that lead the way.*

달려가는 모든 여정으로
수많은 발자국이 묶여 있다

    보이지 않던 길이 보이도록
    발자국이 길을 드러내어 간다
    영원으로 가는 길과 발자국이다

Numerous footsteps are tied up to
all our journeys that are being pursued.

> *To make the invisible roads visible,*
> *Footsteps are set aside to reveal the roads.*
> *They are the roads and footsteps to eternity.*

누군가 분명히

잎사귀들이 흔들린다
가지들이 진동한다
줄기와 뿌리가 떨린다

    무언가 분명히
    위에서
    내려오고 있다

졸음을 깨워주려나 보다
의심을 털어주려나 보다
두려움을 떨쳐주려나보다

    누군가 분명히
    내려와
    흔들어대고 있다

우아한 눈빛을 내주려나 보다
고결한 미소를 내주려나 보다
청순한 모습을 내주려나 보다

Someone Clearly

The leaves are swaying.
The branches are vibrating.
The trunks and roots are trembling.

> *Something clearly*
> *descends*
> *from above.*

It appears to awaken from the sleepiness.
It appears to shake off the doubt.
It appears to get rid of the fear.

> *Someone clearly*
> *descends*
> *and shakes.*

It must be preparing the eyes of elegance.
It must be providing the smile with loftiness.
It must be allowing the appearance of full grace.

내려온 떨림이
분명히
새 길을 내고 있다

새 길을 내려고 온 박동이
새 옷을 입히러 온 숨결이
안팎을 놀랍게 흔들어 댄다

누군가 분명히
빈집을
큰 감동으로 채운다

Descending tremors
clearly
carve a new path.

The pulsebeat coming to cut a new path and
the breathing coming to put on a new dress
are shaking vigorously both the inside and outside.

Someone clearly
fills an empty house
with deep emotion.

하늘의 슬픔

땅의 기쁨이 솟아오를 때면 언제나
하늘의 슬픔이 땅을 덮어 내려온다

    빛깔이 놀랍게 피어가는 가슴으로
    하늘의 슬픈 노래가 서려 들어온다

강을 따라 산과 들로 헤매는 날개
얼마나 더 오래 넘고 건너야 하는가

    사라지는 갈채 소멸하는 열광이기에
    땅의 기쁨이 하늘을 우러러 탄식한다

하늘의 슬픔은 깨우쳐 돌이키는 메신저
다가올 하늘의 기쁨을 일깨워주는 예언자

    땅의 기쁨은 슬픔이 기다리는 기쁨
    하늘의 슬픔은 기쁨을 기다리는 슬픔

Heavenly Sorrow

Whenever earthly joy goes on soaring,
heavenly sorrow is hanging over the earth.

> *Into the heart where colors bloom marvelously*
> *seeps a sorrowful song of heaven.*

The wings roam over hill and dale along the river.
How long should you go more and cross over?

> *For applause is to disappear, enthusiasm to wane,*
> *earthly joy sighs for grief, gazing toward heaven.*

Heavenly sorrow is an enlightening messenger and
a prophet informing us the approaching heavenly joy.

> *Earthly joy awaits its sorrow;*
> *Heavenly sorrow awaits its joy.*

그런 날

눈이 트일 것 같은 화사한 그런 날이기에
보이는 데서 안보이는 것을 보게 되리라
귀가 트일 것 같은 화창한 그런 날이기에
들리는 데서 안 들리는 것을 듣게 되리라

    꽃눈이 흩날리는 골짜기를 넘어서니
    빛살이 춤추며 빈 가슴 속을 채워간다
    소망이 곧 열광의 내일을 맞이하리라

마음이 트일 것 같은 놀라운 그런 날이기에
안보이던 것이 보이는 신비로운 체험이 있으리라
영혼이 트일 것 같은 황홀한 그런 날이기에
안들리던 것이 들리는 놀라운 드러냄이 있으리라

    언제일지 모르기에 언제까지나 기다린다
    언제일지 모르기에 어디까지나 더듬는다
    오늘도 강둑에 서서 먼 수평을 바라본다

Such a Day

Since it is such a beautiful day when our eyes seem to open
we will see the invisible in front of our eyes.
Since it is such a glorious day when our ears seem to open
we will hear the unheard ring in our ears.

> *When we cross over the valley of a blizzard of petals,*
> *our empty heart will be filled with rays of light in dancing.*
> *Our ardent desire will soon meet glorious tomorrow.*

Since it is such a marvelous day when our heart seems to open
we will have a magical experience when the invisible is seen.
Since it is such a blissful day when our soul seems to open
We will have an unexpected revelation where the unheard is heard.

> *Not knowing when it will be, we are waiting indefinitely;*
> *Not knowing where it will be, we are groping indefinitely;*
> *We look over the horizon from a riverbank today as well.*

피어나는 우주

열려 오는 꽃망울 속에서
놀랍고 황홀한 우주가 피어나옵니다
    지난날이 어두웠기에
    거기 있었으나 못 보았지

비바람 치던 가슴 속에서
놀랍고 황홀한 노래가 피어나옵니다
    두려운 색조는 물러가고
    환희의 율동만 솟아오르지

만나고 헤어지는 눈물 속에서
놀랍고 황홀한 세상이 피어나옵니다
    슬픔과 아픔이 차지했던 자리에
    기쁨과 평화가 가득 피어오르지

Blooming Universe

From buds bursting
blooms a marvelous, entrancing universe.
> *Because the past was dark*
> *what was there was not seen.*

From your stormy heart
blooms a marvelous, entrancing song.
> *Shades of fear retreat;*
> *Only rhythms of delight soar up.*

From tears at departure and arrival
blooms a marvelous, entrancing world.
> *Where grief and pain reigned,*
> *joy and peace will blossom.*

놀라운 선물

우리의 삶은 멋지고 놀라운 선물
기대가 열어가는 설레임의 박동
은총을 간구하는 기다림의 눈빛
예언을 실현해가는 시간의 바퀴소리

    설레임이 있기에
    우리는 살아있다
    기다림이 있기에
    우리에겐 내일이 있다

우리의 우주는 기적이 열어가는 선물
드러내면 낼수록 더욱 불가사의한 파노라마
들어가면 갈수록 더욱 오묘한 경이의 심포니
그지없이 펼쳐지는 감탄과 경외의 소용돌이

    그리움이 간절하기에
    우리는 살아있다
    아쉬움이 사무치기에
    우리에겐 내일이 있다

Amazing Gift

Our life is a wonderful and amazing gift;
A throbbing pulsation with the great hope;
The glitter of hankering eyes asking for grace;
The sound of wheel of time realizing the prophecy.

> *Only with anticipation,*
> *can we be alive.*
> *Only with patience,*
> *do we have a tomorrow.*

Our universe is a gift where miracles unfold;
With more revelations come more wondrous panoramas;
Deeper the depth, abstruser the marvelous symphony;
Endlessly expanding whirls of awe and admiration.

> *Only in fervent longing*
> *can we be alive.*
> *Only in poignant yearning*
> *do we have a tomorrow.*

우리의 길은 섭리가 풀어주는 약속의 선물
거룩과 환희에 이르도록 창세전에 예정된 여정
슬픔을 드디어 물리치고 참기쁨 속으로 들게 한다
두려움을 끝내 몰아내고 참사랑 속에서 살게 된다

*목말라 구하기에
우리는 살아있다
너머를 바라보기에
우리에겐 내일이 있다*

Our path is a gift of promise that providence unwinds;
A journey predestined before the Creation set to reach sanctity and glee;
It guides us to drive out sorrow and to enter into the true joy;
It allows us to rout out fear at last and to live in the true love.

Only by thirsting for it
can we be alive.
Only by gazing beyond it
do we have a tomorrow.

제2부

시간의 주름 Wrinkles in Time

누군가 그리 했으리

부서진 꿈이
승리의 불길에 실려 돌아오옵니다
  무슨 일인지
  어째서인지
  누군가 그리 했으리

놓쳤던 길이
장엄한 물결에 실려 살아오옵니다
  아무도 모르게
  소멸하지 않도록
  누군가 그리 했으리

거룩의 물결이
황홀 속으로 우리를 채갑니다
  바라보는 눈과 귀
  놀라 어리둥절하나
  누군가 그리 했으리

Someone Must Have Done So

A shattered dream
returns, carried by triumphant flames.
> Whatever happened
> for whatever reason
> someone must have done so.

A lost path
survives, carried on sublime waves.
> Without anyone knowing
> lest it should vanish
> someone must have done so.

Sacred waves
whisk us away to rapture.
> Gazing eyes and attentive ears
> respond in bewildered astonishment
> but someone must have done so.

모두가 흐른다

은하를 건너 별을 따려고
파도를 헤치며 삶이 흐른다
  흐르기에 썩지 않는가
  썩지 않으려고 흐르는가

바다를 건너 꽃을 따려고
영원을 향하여 강이 흐른다
  흐르기에 영원한가
  영원하려고 흐르는가

처음도 끝도
모두가 흐른다
  흐르기에 죽지 않는가
  죽지 않으려고 흐르는가

Everything Flows

To cross a galaxy and pluck the stars
life flows through the waves.
> *Will it never decay because it flows?*
> *Does it flow to never decay?*

To cross the sea and pick a flower
the river flows towards forever.
> *Is it eternal because it flows?*
> *Does it flow to be forever?*

Beginnings, endings
everything flows.
> *Will it never die because it flows?*
> *Does it flow to never die?*

오늘과 내일

한없이 작은
오늘 속에
헤아릴 수 없이 큰
내일이 들어 있을 줄야

    모이고 흩어지는 강변에서
    오늘이 내일을 기다린다

보잘 것 없는
지금 속에
이처럼 놀라운
다음이 담겨 있을 줄야

    만나고 헤어지는 해변에서
    다음이 지금을 기다린다

초라하기 그지없는
오늘의 우주 속에
더할 나위 없이 장려한
내일의 우주가 숨어 살 줄야

Today and Tomorrow

Who could have known
today, infinitesimally small
contains tomorrow,
immeasurably grand.

> *By the river where things gather and scatter,*
> *today keeps waiting for tomorrow.*

Who could have known
the humble moment of now
contains the moment of then,
astonishing as such.

> *By the sea where we meet and depart,*
> *The future keeps waiting for the present.*

Who could have known
in today's cosmos, in shambles
lies hidden tomorrow's cosmos,
supremely sublime.

내일을 갈망하는 마음속에서
초라함이 놀라움이 되어간다

Within the mind longing for tomorrow,

meanness is getting changed to amazement.

순례

세상이 생기기 전
우리의 사랑과 꿈과 약속은 심어졌지

    사랑이 있기에 바친다
    꿈이 있기에 기다린다
    약속이 있기에 달려간다

성좌를 가르며 은하 속으로
끝없는 궤도를 돌고 또 돌지

    오늘도 이 시간에도
    애태우며 불러댄다
    만날 날을 기다린다

순례의 길이 우리에게 놓여졌지
시공을 넘는 수련을 쌓아올리도록

    순례는 시간을 넘어 가는 고뇌
    순례는 공간을 넘어 사는 수고
    순례는 자기를 넘어 얻는 자유

Pilgrimage

Before the creation of the world,
our love, dreams and promises were firmly rooted.

> *Love induces devotion.*
> *Dreams enable patience.*
> *Promises make us run.*

Passing through constellations into new galaxies,
we go round and round the orbits ceaselessly.

> *Even today, even now*
> *we call out in a fret*
> *waiting for an encounter.*

Our pilgrimage is set for us to accumulate experiences
on how to go over the limits of time and space.

> *Pilgrimage is agony of traveling beyond time.*
> *Pilgrimage is trouble of living beyond space.*
> *Pilgrimage is freedom gained beyond oneself.*

약속이 맺어질 날을 바라보며
우리는 시공을 넘어 달려간다

    꿈과 사랑을 심어준 약속이 곧
    놀라운 평강을 누리게 이끌리라
    환희의 절정 속에 살게 하리라

Looking forward to the day of promises carried out,
we are dashing out beyond the horizons of time and space

> *Promises kept in dreams and love, soon*
> *shall lead us to a stunning tranquility*
> *allowing us to live in full delight.*

청초한 눈매

청초한 눈매
바람처럼 사라져 간다
  뺨 위로 흐르는 눈물
  두려움을 이겨 서리라

동경의 지평들
강물에 쓸려 떠내려간다
  눈물을 담은 수수께끼 미소
  기다리던 이를 만나서리라

우아한 자태
어찌 흔적도 없어지나
  부정의 티끌도 띠지 않게 하렴이라
  세상의 티끌이 남지 않게 하렴이라

Delicate Eyes

Delicate eyes

disappear like the wind.

> *Tears roll down your cheeks*
> *as you must have overcome fear.*

Horizons of longing

are swept away by the waves.

> *An enigmatic smile holds tears*
> *as you must have met your awaited one.*

An elegant figure

how do traces vanish into thin air?

> *So that a speck of dishonesty won't be noticed;*
> *so that dust in the world won't be left behind.*

귀환

산과 들을 감싸 안고
돌아가는 강
눈물을 담아가며
긴 세월 흘렀지
끝없는 다음 바다로
불려서 들어간다
  이제 안심하여라
  큰 소망을 이루리니
  이제 쉬어라
  영원한 품 안에서

눈보라를 등지고
돌아가는 은하수
아픔을 품어가며
긴 세월 떠돌았지
끝없는 다음 우주로
이끌려 들어간다
  이제 안심하여라
  큰 기쁨이 기다리니
  이제 쉬어라
  영원한 시간 속에서

Return

Surrounding mountains and fields

the river winds around.

Filled with tears

it flows without end

called to the sea

an endless other sea.

> *Keep calm now;*
>
> *your dearest wishes shall come true.*
>
> *Return to your rest*
>
> *in the bosom of eternity.*

A snowstorm at its back

the galaxy winds around.

Cherishing pain

it roams for long years

drawn to the cosmos

an endless other universe.

> *Keep calm now;*
>
> *your great joy shall wait.*
>
> *Return to your rest*
>
> *in eternal time.*

집착

버티고 매달린다고
영원한 현재가 되나
    오늘과 똑같은 어제
    오늘과 똑같은 내일
    숨 막히게 지루하리라
    끝없는 흐름 실로 축복이지

오늘의 노예가 되기에
미지의 내일이 두렵다
    홀로 서도 두렵지 않고
    어디 서나 외롭지 않은
    진정한 자유를 얻는 날
    끈덕진 집착은 사라지리

Obsession

No matter how hard you suffer and cling
can you hold the present forever?
> *Today will be the same as yesterday.*
> *Tomorrow will be just like today.*
> *How tedious it would be.*
> *The endless flow is a blessing indeed.*

Enslaved by today
you are afraid of an unknown tomorrow.
> *When you gain true freedom*
> *not afraid of standing alone*
> *not lonely anywhere*
> *obsession will fade away.*

시간의 주름

시간이 주름을 지어간다
작은 주름 큰 주름 놀라운 주름
시간에 주름이 지어진다
오는 주름 머무는 주름 돌아가는 주름
시간이 주름을 잡아간다
심장에도 뇌에도 영혼에도 우주에도
시간에 주름이 잡혀진다
승리와 패배의 주름 환희와 고뇌의 주름
시간이 주름을 내어간다
두려움과 자애의 주름 분노와 평강의 주름
시간이 주름을 만들어 간다
바람으로 먼지로 불기둥으로 물기둥으로

    우리에게 보이는 것들
    우리에게 들리는 것들
    한번 스쳐 흘러간 모습들은
    다시는 똑 같이 돌아오지 않으리
    한번 흘러 사라져간 순간들은
    다시는 꼭 같이 만날 수 없으리
    시간이 주름을 잡아 덮어 가기에

Wrinkles in Time

With time wrinkles form;

small wrinkles, large wrinkles, surprising wrinkles.

Time becomes wrinkled;

wrinkles come, wrinkles stay, wrinkles return.

With time wrinkles deepen;

in the heart, brain, soul, and even the stars.

Time is wrinkled;

wrinkles of victory and defeat, wrinkles of delight and agony.

Time evolves wrinkles;

wrinkles of fear and love, wrinkles of anger and harmony.

Time brings about wrinkles;

with winds and dusts, and pillars of fire and water.

Everything seen to us and

everything heard to us,

once gone with the wind,

will never return in the same form;

Every moment vanished away

will never be encountered in the same way;

Since they are being buried deep in the wrinkles of time.

불가사의한 흐름의 여정 위에
시간의 주름이 무늬를 놓아간다
심상心像에 깊이 새겨진 것들이
심금心琴을 높이 울리던 것들이
용마루를 타고 떠나려 가버린다
골짜기에 묻혀 사라져 가버린다

    우주의 별들이 하나하나 유일하듯
    세상의 모두를 하나하나
    비길 데 없이 지으려고
    시간이 한없이 주름을 잡아간다
    시간이 주름을 지어 간다
    우리에게 무한을 알려주려고

시간이 주름을 잡아간다
기다림의 주름 만남의 주름 이별의 주름
시간이 주름을 지어 간다
심상에도 뇌에도 영혼에도 우주에도
시간에 주름이 잡혀진다
잔주름 굵은 주름 엄청난 주름
시간에 주름이 지어진다

On a journey that mysteriously flows
wrinkles in time make patterns.
Things burned deeply into images
things tugging at heartstrings
drift away, over the ridge of a roof
and disappear into the valley.

> *Just as each star is unique,*
> *so as to make everything original,*
> *incomparable with the others,*
> *time endlessly gives wrinkles.*
> *Time brings about wrinkles*
> *to teach us perpetuity.*

With time wrinkles deepen;
wrinkles of waiting, wrinkles of meeting, wrinkles of parting.
With time wrinkles form;
in the heart, brain, soul, and even the stars.
Time is wrinkled;
fine wrinkles, thick wrinkles, large wrinkles.
Time becomes wrinkled;

기쁨과 슬픔의 주름 거룩과 비열의 주름
시간이 주름을 내어간다
흥망과 성쇠의 주름 은혜와 단죄의 주름
시간이 주름을 만들어 간다
불기둥으로 물기둥으로 먼지로 바람으로

  우리가 생각하는 것들
  우리가 느끼는 것들
  한번 흘러 지나간 생각들은
  다시는 똑 같이 새겨지지 않으리
  한번 스쳐 사라진 느낌들은
  다시는 꼭 같이 그려지지 않으리
  시간이 주름을 지어 감싸 가기에

불가사의한 흐름의 역사 위에
시간이 주름을 놀랍게 지어 간다
스쳐 가 버리는 만날 수 없는 것들이
돌아오지 않는 돌이킬 수 없는 것들이
용마루에 얹히어 떠나려 가버린다
골짜기에 가려서 사라져 가버린다

wrinkles of joy and sorrow, wrinkles of holiness and hell.
Time evolves wrinkles;
wrinkles of rise and fall, wrinkles of grace and punishment.
Time brings about wrinkles;
with pillars of fire and water, by wings of winds and dusts.

> *Everything we think and*
> *everything we feel,*
> *once it is passing through,*
> *will never be inscribed in the same way;*
> *once it is flown away,*
> *will never be painted in the same pattern;*
> *Since they are being wrapped up in the wrinkles of time.*

On history that mysteriously flows
time makes wondrous wrinkles.
Things that pass by without meeting
things irretrievable that do not return
drift away, placed on the ridge of a roof
and disappear, covered by the valley.

세상의 색깔이 하나하나 독특하듯
세상의 모두를 하나하나
유일하게 간직하려고
시간이 끊임없이 주름을 지어 간다
시간이 주름을 잡아간다
우리에게 영원을 가르치려고

*Just as each color is unique,
so as to keep every moment special,
incomparable with the others,
time endlessly gives wrinkles.
Time brings about wrinkles
to teach us infinitude.*

아픔과 두려움

아픔이 없다면
축복일까요
    아픔이 있기에
    동경이 자라나오지요
    두려움이 있기에
    사랑이 피어나오지요

두려움이 있기에
저주일까요
    아픔이 없다면
    냉혹히 극도에 이루겠지요
    두려움이 없다면
    잔혹이 극치를 이루겠지요

아픔이 있기에
두려움이 있기에
    아픔이 길들여
    진리의 길을 알게 되지요
    두려움이 다스려
    참사랑을 이루게 하지요

Pain and Fear

Without pain

would being painless be a blessing?

> *With pain*
> *longing steps up.*
> *With fear*
> *love comes into bloom.*

With fear

would the existence of fear be a curse?

> *Without pain*
> *callousness would reach its extreme.*
> *Without fear*
> *cruelty would be at its worst.*

With pain

with fear

> *Tamed by pain*
> *one will know the path of truth.*
> *Disciplined by fear*
> *one will achieve true love.*

겨울 밤길

모래바람 불어치는 겨울밤길이다
헤쳐가게 주어진 춥고 긴 밤길이다

    두려워하지 말아라
    스쳐가는 눈보라니까
    버려지지 않으리라

주어졌으나 택하도록 이끌어
스스로 잡힌 추구적 순종의 길

    겨울도 모래바람도 곧 사라지리라
    나가는 자리는 들어오는 자리가 되고
    끝나는 곳에는 언제나 시작이 있다

Path on a Winter Night

On a path on a winter night a sandstorm blows.
A path on a long, cold night, destined to go forward.

> *Do not be afraid!*
> *It's merely a blizzard passing on.*
> *you will not be abandoned.*

Destined, but guided to choose
the path of pursuit in submission, taken by yourself.

> *The winter sandstorm will soon fall into oblivion.*
> *Exit becomes entrance;*
> *Where there is an end, there is always a beginning.*

제3부

앞발질 뒷발질 Kicking with All Four Legs

돛뿐인 배

잘릴수록 굽히지 않고
더 크게 자라나는 돛이 있다
돛뿐인 배가 되어간다
    허영의 돛이 아니기를
    혼란의 돛이 아니기를
    영원에 이를 돛이기를

밀릴수록 옴츠리지 않고
더 크게 펼치는 날개가 있다
날개뿐인 몸이 되어간다
    껍데기 날개가 아니기를
    우상의 날개가 아니기를
    영원에 닿을 날개이기를

Boat with Only a Sail

The more the sail is cut,
the taller it grows, unwavering.
To be a boat with only a sail.
> *May it not be a sail of vanity.*
> *May it not be a sail of confusion.*
> *May it be a sail to eternity.*

The harder wings are pushed,
the wider they spread, undaunted.
To be a body with only wings.
> *May it not be wings of pretense.*
> *May it not be wings of idols.*
> *May it be wings to eternity.*

두 친구

우리가 지나가는 모든 길에
언제나 동행하는 두 친구

    피어나고 떨어지는
    우리의 꽃과 별들

빛살 속에 춤추는 탄생의 기쁨
빗발 속에 흐느끼는 소멸의 슬픔

    밀려오고 쓸려가는
    우리의 기쁨과 슬픔들

Two Friends

Every path we pass
two friends always travel together.

> *Blooming and falling*
> *our flowers and stars.*

Joy of birth, dancing in rays of light
sorrow of passing, sobbing in streaks of rain.

> *Ebbing and flowing*
> *our joys and sorrows.*

베갯머리

무엇을 바라보고
어디를 더듬었는지
마음은 이제쯤
닻 내릴 곳을 정했나

    야곱이 잠든 돌베개 위로
    하늘이 열리며 사다리가 내려오듯
    바라보며 더듬는 마음속으로
    천사들의 오르내림이 분주케 되리라

무엇을 바라보고
어디를 더듬었는지
생각은 지금쯤
닻 내릴 곳을 얻었나

    두드리다 잠든 베갯머리로
    무한이 열리는 문소리가 들려온다
    바라보며 더듬는 생각 속으로
    천사들이 이끄는 하늘길이 트여온다

Bedside

What have you been looking up to all along?
Where have you been groping around all along?
Do you now decide a place where to anchor your heart?

> *As when heaven was opened and a ladder descended*
> *over the stone pillow on which Jacob slept,*
> *into a longing and pursuing heart*
> *angels shall be busy ascending and descending.*

What have you been looking up to all along?
Where have you been groping around all along?
Do you now obtain a place where to anchor your thought?

> *Bedside where one knocks and falls asleep*
> *reaches the sound of a door opening to infinity.*
> *Into searching and yearning thoughts*
> *the path to heaven opens, led by angels.*

영혼의 닻

빛과 어둠이 어울려 춤추는 무대 위
숭고의 리듬이 은밀히 엮어 나아가는
꿈과 추억의 파도를 타고
어제의 우리가
오늘의 우리가 되고
내일의 우리로 되어간다

    측량할 수 없이 높은
    별 너머 아주 높은 곳에
    우리의 마음을 붙들어 매자
    우리의 생각을 동여매자

두려움과 사랑이 어울려 춤추는 무대 위
경외의 리듬이 측은히 엮어 나아가는
소망과 믿음의 파도를 타고
어제의 우리가
오늘의 우리가 되고
내일의 우리로 되어간다

    측량할 수 없이 깊은
    우주 너머 아주 깊은 곳에

Anchor of the Soul

On a stage where light and darkness dance together,
Riding on waves of dreams and memories being
woven confidentially by sublime rhythms,
We of yesterday
became we of today and
will become we of tomorrow.

> *To a place impossibly high*
> *so high beyond the stars*
> *let's tie up our hearts*
> *let's bind our minds.*

On a stage where fear and love dance together,
Riding on waves of aspiration and belief being
woven mercifully by awesome rhythms,
We of yesterday
became we of today and
will become we of tomorrow.

> *To a place impossibly deep*
> *so deep beyond the stars*

우리의 인식을 붙들어 매자
우리의 영혼의 닻을 내리자

let's tie up what we know
let's drop the anchor of our souls.

앞발질 뒷발질

그렇게 태어나고 정해졌기에
그렇게 되었고
그렇게 되고
그렇게 되리라

  앞발질 뒷발질로
  쓸데없이 덤비며
  수고로이 반항하지만
  결국엔
  그런대로 그리 되리라

그렇게 태어나고 정해졌기에
바람이 불었고 불길이 솟았다
바람이 불고 불길이 솟는다
바람이 불으리라 불길이 솟으리라

  앞발질 뒷발질로
  지팡이를 걷어차며
  수없이 저항하지만
  결국엔
  그런대로 그리 되리라

Kicking with All Four Legs

As such being born and predestined,
as such it became,
as such it become and
as such it will become.

> *With all four legs*
> *kicking in vain*
> *one struggles as one defies*
> *but in the end*
> *it shall be what it will be.*

As such being born and predestined,
winds blew and flames surged,
winds blow and flames surge,
winds will blow and flames will surge.

> *With all four legs*
> *kicking the goad*
> *one resists numerous times*
> *but in the end*
> *it shall be what it will be.*

두 천사

뇌수 깊이 사는 두 천사
진짜 천사와 가짜 천사
    악마가 한 때
    천사였음을 아시지요
    빛 속에 살도록 마련했는데
    어둠 속으로 깊이 숨어드네요
    거룩한 삶을 가르쳐 주었는데
    광란의 춤으로 놀라게 하네요

거친 싸움을 끝없이 벌려간다
가짜 천사와 진짜 천사
    한 때의 천사가
    악마로 되었음을 아시지요
    하늘의 질서를 세우라 했는데
    혼란 속에 해괴한 짓을 하네요
    자비의 나라를 이루라 했는데
    파괴와 멸망으로 휘몰아 가네요

Two Angels

Two angels live deep in the brain;
True angel and false angel.
> *That the devil was once*
> *an angel, you know that, right?*
> *He was all set to live in the light*
> *but hides ever deep in the dark.*
> *He was taught how to live a holy life,*
> *but dances in unexpected madness.*

The two engage in a fierce, endless fight;
False angel and true angel.
> *That the angel*
> *became the devil, you know that, right?*
> *He was told to bring the orders of the heavens*
> *but lives in chaos, committing unspeakable acts.*
> *He was told to build a country of mercy*
> *but wreaks havoc and ruin, howling with rage.*

잠깐이면 되지

아파도 무서워도
조금만 더 기다려
참 평화가 밀려 올 거야
    눈이 감겨진다고
    내일이 닫혀지나
    날이 저문다고
    여명이 막혀지나

잠깐이면 되지
조금만 더 참아
참 자유가 펼쳐질 거야
    바라보는 영혼을
    기다리는 영혼을
    찬란한 내일이 곧
    팔 벌려 맞이하리라

It Won't Take Long

Even if it hurts or scares you
wait a little while longer.
True peace will come in a flood.
> *If you close your eyes tight*
> *are your days over?*
> *If the sun goes down*
> *will dawn never come?*

It won't take long.
Wait a little while longer.
True peace will unfold before you.
> *Your gazing soul*
> *your longing soul*
> *a splendid tomorrow will soon*
> *greet you with open arms.*

예감

마음을 돋움하고
먼 산을 바라봅니다
    예감은 지평너머서 오는 소식
    소망은 지극한 미래의 조망
    예감이 공간의 저쪽을 더듬는다
    소망이 시간의 저쪽을 설계한다

생각을 돋움하고
먼 바다를 그려봅니다
    빈 그물에 실망치 않을 것은
    더 좋은 것을 담게 준비함이란다
    허탕 쳤다고 서운해 하지 말 것은
    더 좋은 때를 기다리게 함이란다

Premonition

Palpitate the heart to

look at the faraway mountains!

> *A premonition is news that comes from beyond the horizon.*
> *A wish is an utterly sincere future prospect.*
> *A premonition senses the other side of space.*
> *Wishes design the other side of time.*

Stimulate the mind to

sketch faraway seas!

> *One should not be disappointed with an empty net*
> *as it is ready to be filled with a better catch.*
> *One should not lament for wasted time*
> *as it keeps you ready for better days.*

넘어서기

넘어서기는
심연 위에 다리를 놓는 공정
    여기를 이기고
    저기를 바라보는 작업

너머에 닻을 내리면
이곳과 저곳이 하나가 된다
    이곳의 시작과 끝은 다만
    끝없는 여정의 기항지일 뿐

To Overcome

To overcome
a process of building a bridge across an abyss.
> *The act of conquering what is here*
> *gazing at what is there.*

When the anchor is lowered on the other side
this and that place become one.
> *The beginning and end are but*
> *ports of call on an endless journey.*

모르도록 정해진 나라

어디인지 모르지만
이끄는 데로 따라갑니다
    모르도록 정해진 나라

보이지 않는 곳이지만
불빛만 바라보며 들어갑니다
    보이지 않게 세워진 나라

들리지 않는 곳이지만
약속만 잡고 달려갑니다
    들리지 않게 꾸며진 나라

붙들어 줄 이가 북돋아 주기에
무섭지 않고 지치지 않습니다
    잡히지 않게 설계된 나라

어두운 구름이 덮쳐 와도
바라만 보고 돌진해 갑니다
    오관으로 접근할 수 없는 나라

A Country Set To Be Unknown

Where to I do not know
yet I follow to where I am led.
    A country set to be unknown.

Where it is I cannot see
yet I follow guided only by a light.
    A country built to be invisible.

How are sounds I cannot hear
yet I rush in guided only by a promise.
    A country designed to be unheard.

Because the one who will prop me up encourages me
I am not afraid, nor am I tired.
    A country designed to be elusive.

Even if a dark cloud swoops over
I charge forward, with my eyes fixed straight ahead.
    A country unapproachable through the five senses.

언제일지 알 수 없으나
모두를 내려놓고 달려갑니다
　모르도록 가려진 나라

When it will be it is impossible to know

yet I leave everything behind and run up to.

A country veiled to be unknown.

제4부

마중불 Kindling Fire

마중불

끝으로 밀렸다고
울부짖지 마라
  마중불을 지펴 올려라
  놀라운 불길이 들어오리라
매인 것이 풀려지리라
닫힌 것이 열려지리라

밑에 깔렸다고
괴로워하지 마라
  마중 바람을 피워 올려라
  놀라운 바람이 불어치리라
새 눈이 밝아 오리라
새 시작이 다가오리라

벼랑에 매달렸다고
두려워하지 마라
  마중불이 큰 불길을 솟아 올리리라
  마중 바람이 큰 바람을 일으키리라
드디어 두려움이 사라지리라
이윽고 울부짖음이 불려 가리라

Kindling Fire

Even when you are pushed to the edge
do not cry.
> *Light a kindling fire, let it rise.*
> *An unexpected flame will enter.*

Knots will unravel.
Locks will open.

Even if you're pinned down at the bottom
writhe not in agony.
> *Blow a kindling wind, let it rise.*
> *An astonishing wind will roar.*

New eyes will gain sight.
A new beginning will come near.

Even if you're hanging from a cliff
be not afraid.
> *The kindling fire will start a soaring fire.*
> *The kindling wind will create a roaring wind.*

At last your fears will disappear.
Eventually your cries will be carried away.

허상

해 지는 바다 너머로
새떼들이 날아든다

    찬바람 가르며 스쳐가는
    우리는 모두 철새의 날개들

미지에서 미지로 옮겨 사는
우리는 시공에 묶인 영혼들

    소망과 절망이 그 속에 짜여있고
    기쁨과 슬픔이 우리와 함께 산다

시공의 우주를 진정으로 깨닫게 되면
애통 너머 펼쳐질 영광을 보게 되리라

    사라지는 것은 허상이요
    돌아가는 것이 실상이지

허상을 바라보고 슬피 우는
우리는 모두 어리석은 노예들

Illusion

Over the ocean's horizon where the sun sets
a flock of birds flies around.

>   *Slashing through the cold winds*
>   *we are all feathers of migratory birds.*

Moving from one unknown home to another
we are souls tied in time and space.

>   *Hope and despair are weaved within*
>   *joy and sorrow live among us.*

When we find the true meaning of the universe
we shall see a spread of glory beyond the edge of lamentation.

>   *Vanishing away is illusion.*
>   *Returning to is reality.*

Looking at illusions and weeping in sorrow
we are all foolish slaves.

허상에 속아 두려워 떠는
우리는 모두 우매한 영혼들

*Tricked by illusions and trembling in fear
we are all souls without a clue.*

천치들의 소망

교활한 책략도 억센 힘도 없으니
천치들이 모여 간절히 조아린다
    칼과 총으로 세운 나라가
    얼마나 오래 버티겠나

천치들의 유치한 소망이
큰 흐름을 타고 이루어져 간다
    교활과 거짓 위에 지은 집이
    얼마나 오래 견디겠는가

하늘이 곧 땅으로 내려오리니
뜻을 이룰 준비는 다 되었는가
    불신과 의심 위에 어찌
    새 나라를 세우랴

The Wishes of Fools

Without a cunning ploy, without brutal strength
a group of fools bows down in prayer.
>   *A country built with swords and guns*
>   *how long can it survive?*

One by one, the silly dreams of the fools
come true, carried down on one great wave.
>   *A house built upon guile and lies*
>   *how long can it remain standing?*

Heaven shall soon get down on the earth.
Are you ready to fulfill the will?
>   *Upon distrust and doubt*
>   *how can a new country be built?*

하늘만 바라봅니다

바라보면 볼수록
너무나 기이하여
하늘만 바라봅니다

    그지없는 목마름
    떨칠 수 없는 그리움
    잊지 말라
    하늘과 함께하는 자유를

들으면 들을수록
너무나 어려워
하늘만 바라봅니다

    끈덕진 아쉬움
    가슴 치는 안타까움
    기억하라
    하늘에서 오는 평화를

생각하면 생각할수록
너무나 두려워
하늘만 바라봅니다

Gazing Up Only on High

The more we gaze into,
the more we become bewildered.
We are gazing up only on high.

> *Unquenchable thirst.*
> *Unforgettable longing.*
> *Never forget*
> *the freedom that comes from on high.*

The more we hearken to,
the more difficult to understand.
We are gazing up only on high.

> *Incessant regret.*
> *Pounding frustration.*
> *Always remember*
> *the peace that falls from on high.*

The more we contemplate,
the more dreadful to confront.
We are gazing up only on high.

가슴 태우는 슬픔
지워지지 않는 아픔
상기하라
하늘이 주는 치유를

Heart-wrenching sadness.
Indelible pain.
Call to mind
the healing that is granted from on high.

두드리는 이

선율이 몰려 들어온다
가슴을 퉁기어 울려댄다

    잎사귀가 떨린다
    가지가 들먹인다
    줄기가 휘둘린다
    뿌리가 요동친다

파도를 타고 다가오는 이가
우주를 흔들어 깨워간다

    안에서 문을 열어야
    밖에서 들어오게 된다
    진정으로 문을 여는 이 안에서
    두드리는 이 머물러 함께 산다

The One Who Knocks

Melodies swarm
pluck at the heart and resound.

> *Leaves shiver.*
> *Branches quiver.*
> *Stems sway.*
> *Roots judder.*

The one who comes over on the waves
slowly shakes awake the universe.

> *The door must be opened from within.*
> *Only then can one enter from outside.*
> *Within the one who truly opens the door,*
> *the one who knocks lives along together.*

울부짖는 바람

내가 사는 고장에는
비 오는 날이면
어디서인지
울부짖는 바람이 들이친다
    얼마나 오랫동안
    쓰다듬어 주었나
    쓰다듬어 줄 건가
    황야에서 비틀대는
    풀잎들의 몸부림을
    꽃잎들의 신음소리를

    끝까지 포기치 않는
    울부짖는 바람이다

눈 오는 밤이면
유난한 바람이 불어친다
열려진 가슴에만 들이친다
열려진 귀에만 울부짖는다
    얼마나 깊은 속으로
    생기를 불어 넣었나
    생기를 부어 넣을건가

The Howling Wind

In the village that I live
on rainy days
from somewhere
blows in a howling wind.
> *For how long*
> *did you stroke*
> *will you stroke*
> *the writhing blades of grass*
> *the moaning of flower petals*
> *shivering in the wild?*

> *A howling wind*
> *that never lets up.*

On snowy nights
An unusual wind blows in.
Blows only into open hearts.
Howls only in open ears.
> *How deep inside*
> *did life breathe*
> *will life breathe*

우러러 보며 기다리는
시들어가는 꽃잎들에게
사그라지는 풀잎들에게

끝까지 함께 하여줄
울부짖는 바람이다

into withering flower petals
into wilting blades of grass
looking up in waiting?

A howling wind
that will never abandon.

이상

이상은
미래에 살면서
현재 속으로
미래를 끌어들이지

    미래의 현재화가
    개혁이라면
    개혁의 원동력은
    이상이지

이상의
지나친 집착은
스스로의 함정에 빠져
안타까운 운명이 될 수도 있지

    이상의
    성급한 실현시도는
    독선의 과속질주로
    현재를 전복시킬 수도 있지

Ideals

Ideals
live in the future
while into the present
brings the future.

> *If bringing the future into the present*
> *is a reformation*
> *the driving force of that reformation are*
> *ideals.*

Excessive obsession
with ideals
can fall into a trap of its own making
meeting a pitiful fate.

> *A rushed attempt to realize*
> *an ideal*
> *can overturn the present*
> *by racing to self-righteousness.*

리허설

마시는 것
먹는 것
제대로 소화시키려면
리허설을 자주 해야지

    삼킨 것 소화하기
    아무리 힘들어도
    오직 진정으로 리허설을 하면
    마지막 리허설이 멋진 실연이 되지

넘어야 할 고개
지나가야 할 길
제대로 이겨내려면
정성과 뜻을 다해 리허설 해야지

    넘고 지나야 할 고갯길
    너무나 무서워도
    오직 진정으로 리허설을 하면
    멋진 실연이 마지막 리허설이 되지

Rehearsal

In order to digest properly
what you've eaten and
what you've swallowed,
you need to rehearse often.

> *However difficult it is*
> *to digest what you've swallowed,*
> *if you rehearse only in earnest,*
> *the last rehearsal shall be a brilliant performance.*

In order to overcome all right
the uphill course and
the journey you must pass over,
rehearsals of heart and mind are necessary.

> *However daunting it is*
> *to climb over that uphill path*
> *if you rehearse only in earnest*
> *a brilliant performance shall be your last rehearsal.*

수확기

수확기는 결산의 계절
뿌린 씨를
풍성히 키우고
잘 여물려
좋은 열매로
거두어들이는 때

    어둠의 가라지들은
    모두 골라내어
    함께 묶어
    태워 버리고
    빛의 열매만
    곳간에 들인다

수확기는 계시의 계절
빛씨를 심어 열매를 맺고
잘 영근 씨눈을 간직한다
정해진 때에 씨눈을 틔워
다시 빛을 세상에 피워낸다
빛이 영원함을 모두에 알린다

Harvest Time

Harvest time is the season of settlement
when sowed seeds
grown in abundance
have fully ripened
into good fruit
when it is time to reap.

> *Weeds of darkness*
> *will be separated,*
> *tied up in bundles and*
> *burnt down.*
> *Only fruits of light will be*
> *collected into a storeroom.*

Harvest time is the season of revelation
when sown seeds of light bear fruit
then ripe fruit holds new seeds.
When it's time, the new seeds sprout
blossoming into flowers of light
letting the world know light is forever.

거두시는 이도
거두어지는 이도
버려지는 이도
나름대로
몸과 마음과 영혼에
슬픔과 아픔이 있다

Not only for the selector,
but also for those to be selected
and those to be abandoned,
in their own ways,
sorrow and pain arise in
the body, mind and soul.

지금이 그때

바라만 보던 그때가 지금
가슴과 머리에 펼쳐진다
　　천둥 번개가 하늘을 흔들어댄다
　　땅이 갈라지며 바다가 요동친다

환희가 불멸 속에 새겨지는 때
황홀한 빛살이 우주를 덮는 때
　　가장 높은 데서 내려오는 기쁨이
　　하늘과 땅을 하나로 만들어간다

Now Is Time

The time when I merely looked to now
spreads within my heart and mind.
> Thunder and lightning shake the skies.
> The earth cracks open, ocean waves roll.

It is the time when bliss is carved within immortality.
It is the time when rapturous rays of light fill the universe.
> Joy that has come from on high
> fuses the heavens and the earth into one.

제5부

마무르기 The Final Touch

유전자문紋

새겨진 대로 나타낸다
쓰인 대로 이루어진다
새겨진 대로 시작한다
쓰인 대로 끝내간다

    언제 어떻게 생겨
    어디를 얼마나 돌아
    여기까지 이르렀나
    결국 어디로 갈 건가
    불가사의한 생명의 씨

보이지 않는 지극히 작은 속에서
죽은 듯 숨어 기다리는 생명의 의지
우주의 모든 계절을 드러내려 한다
모두가 이름대로 얼굴을 내밀게 한다

    놀라운 계시가 담겨 있다
    무수한 약속이 들어 있다
    생명의 역사가 쓰여 있다
    생명의 메커니즘이 숨어 있다
    생명의 대사과정이 숨겨 있다

DNA Print

It reveals as inscribed.
It achieves as written.
It starts as inscribed.
It ends as witten.

> *When and how did it emerge*
> *where was it that it turned so many times*
> *until it arrived all the way over here?*
> *where will it go in the end?*
> *This mysterious seed of life.*

It is the will of life lying hid and dormant
within the tiniest invisibe to the naked eye.
It tries to reveal all seasons of the universe.
It allows to show all faces of the names.

> *Inside there is a surprising revelation.*
> *Within there are innumerous promises.*
> *Written there is the history of life.*
> *Hiding inside is the mechanism of life.*
> *Kept hidden is the process of metabolism.*

새겨진 대로 생각을 만든다
쓰인 대로 느낌을 만든다
만들어진 대로 열리게 된다
만들어진 대로 닫히게 된다

  유전자문은 생명을 새긴 글씨
  기어가던 DNA에서 언제인가
  자유의 날개가 돋아 나오리라
  상황을 이겨내고 DNA가 피어낸
  지혜의 눈이 진실의 문을 열리라

Thoughts are created as inscribed.
Feelings are produced as written.
It opens as arranged.
It closes as initiated.

> *DNA is life in writing.*
> *One day the crawling DNA shall*
> *grow a pair of wings of freedom.*
> *Blossoming from DNA that overcomes its limitations*
> *the eye of wisdom shall open the gate of truth.*

철 들 무렵

화사한 날에 심은 촉망의 씨앗에서
놀랍게 어두운 싹이 돋아날 줄이야

  빗나간 기대에 실망하는가
  어디에 근거한 기대였는가
  부끄러워할 실망은 말아야지

얽히고 흩어지는 회오리 속에서
세상을 바라보는 철이 들어간다

  철이 든다고 다 같은 철이겠나
  겉모양새 아닌 진정 철이 들어야지
  굴종과 타협 아닌 지혜와 명철이길

희망과 절망은 자전하는 행성의 얼굴
회전 각도에 따라 밤과 낮이 생겨난다

  진정한 철은 완료형이 아닌 진행형
  진리가 이끌어 주는 깨달음의 은사
  결코 자랑 않는 이만 받는 귀한 선물

The Age of Discretion

From the seeds of great expectations sown on a fine day,
how surprising is it that the sinister leaves have sprouted up?

> *Disappointed about an unfulfilled expectation?*
> *On what was that expectation based?*
> *Regrets of shame should be avoided.*

Out of the whirlwind of mingling and scattering,
the eye of discernment is growing up.

> *We all grow up but not into the same age of discretion.*
> *What's important is not to grow on the outside, but to mature inside.*
> *Not submission and compromise, but wisdom and understanding.*

Hope and dispair are like the faces of a planet.
The angle of its rotation determines day and night.

> *True discretion is an evolving and ongoing process.*
> *A gift from the above that enlightens with truth.*
> *A precious present given only to those who do not boast.*

치유의 강 회복의 바람

눈부신 날에도
두려움에 묶여 삽니다
    그래서 아직도
    우리의 머릿속엔
    치유의 강이 흐릅니다
    그래서 아직도
    우리의 가슴 속엔
    회복의 바람이 붑니다

우상과 망상이
나를 떨게 합니다
    그래서 언제나
    우리의 마음속엔
    회복의 강이 흐릅니다
    그래서 언제나
    우리의 심령 속엔
    치유의 바람이 붑니다

River of Healing, Wind of Recovery

Even on a brilliantly sunny day
We live tied to fear.
> *That is why still*
> *in our minds*
> *a river of healing flows.*
> *That is why still*
> *in our hearts*
> *a wind of recovery blows.*

Idols and delusions
make us tremble.
> *That is why always*
> *in our spirits*
> *a river of recovery flows.*
> *That is why always*
> *in our souls*
> *a wind of healing blows.*

갈망

언제인가 심어진
떨칠 수 없는 갈망
지워지지 않도록
뇌수 깊숙이 새겨져 있다

  살아 있는 모든 것은
  배고픔이 있기 마련
  고프니까 먹게 되고
  먹어야 살지 않는가

살리기 위해 먹이고
먹이려 고픔을 주었는데
먹는 기쁨이 너무나 좋아
먹기 위해 살아간다

  땅의 갈망은 땅의 보상을
  바라보며 달려간다
  하늘의 갈망은 하늘의 생명을
  우러러 솟아오른다

Thirst

This unquenchable thirst
planted some time ago
is set deep within the brain
so that it never goes away.

> *All living creatures are*
> *bound to feel hunger.*
> *When hungry they eat.*
> *Mustn't they eat to live?*

To keep them alive they are fed.
To be fed they were given hunger.
Yet the joy of eating is so great,
they live in order to eat.

> *The earthly thirst rushes ahead*
> *toward the earthly reward.*
> *The heavenly thirst soars high*
> *toward the heavenly life.*

소리와 고요

짙은 빛깔의 분출 후 밀려오는 흑암
    두려움이 가득한 가슴에는
    슬픔의 파도가 출렁거린다
    우러러 바라보는 머리에는
    환희의 불길이 솟아오른다

소리의 절정 뒤 채워 들어오는 고요
    빛깔을 만끽 못하는
    어둠의 노예
    환희에도 춤 못 추는
    두려움의 노예

고요 속에 소리 흑암 속에 빛깔이 있다
    의심의 노예가 되어 있기에
    축복 속에서도 기쁨이 없다
    바라보는 이 두렵지 않으리
    기다리는 이 어둡지 않으리

Sound and Silence

The pitch black that floods over after an eruption of a dark hue:
> In a heartt filled with fear
>
> waves of sadness roll.
>
> In a mind full of admiration
>
> flames of bliss soar.

Silence that wells up after the aural peak:
> Slaves of darkness
>
> unable to enjoy color.
>
> Slaves of fear
>
> unable to dance even in bliss.

There is sound within silence, color within darkness:
> To a slave of doubt, there is
>
> no joy even when blessed.
>
> Those who look up shall be unafraid.
>
> Those who wait shall not be in darkness.

우주곡예 宇宙曲藝

보이지 않는 데서
보이는 것이 나온다
보이지 않는 길을
돌고 돌며 뽐낸다
바람과 파도를 일으킨다
불길과 구름을 띄워댄다
얼마간 그렇더니 슬며시
나온 데로 다시 들어간다

    한 사람은 백년이 지났다고 한다
    다른 이는 억년이 지났다고 한다
    또 다른 이는 조년이 지났다고 한다
    어떤 이는 전혀 알 수 없다고 한다

정처 없이 떠도는 별들이
저절로 떠도는 줄 알았지
한참 떠돌다 돌아와 보니
그렇게 정해진 항로더라
사라지는 줄 알았는데
만나러 들어가는 거다
없어지는 줄 알았는데

Space Acrobatics

From an invisible place
appears something visible.
Round and round, it proudly
struts along an invisible road.
Creating wind and waves.
Raising flames and clouds.
It continues to do so for a while,
then quietly returns to where it came.

> *One person says that a century has passed.*
> *Another says that one hundred million has.*
> *Yet another says that a trillion has.*
> *Some say we will never know.*

Stars that wander from place to place
considered themselves doing so on their own.
They realized after a long while wandering,
all along they had been following a set path.
They appear to be fading away;
Yet they are coming to meet each other.
They appear to be passing away;

다시 생겨서 나온다

    한 사람은 백년이 걸린다고 한다
    다른 이는 억년이 걸린다고 한다
    또 다른 이는 조년이 걸린다고 한다
    어떤 이는 전혀 모르겠다고 한다

Yet they come into being and reappear.

> *One person says it takes a century.*
> *Another says it takes one hundred million.*
> *Yet another says it takes a trillion.*
> *Some say we will never know.*

길들의 대화

무한한 대화가 얽히어진다
피고 지는 길 찾는 대화다

    말로는 못 다 해
    손짓으로 전한다
    눈짓으로 나눈다
    몸짓으로 풀어간다

길을 찾아가는 끝없는 대화는
어두운 밤일수록 더 요란하다

    귀와 눈으론 못 다 해
    물결을 높여서 전한다
    바람을 일으켜 나눈다
    불길을 솟구쳐 풀어간다

Dialogue between Roads

An endless dialogue entangles;
A dialogue in search of a path that blossoms and falls.

> *Words are not enough;*
> *So we communicate with hands,*
> *share with glances,*
> *solve with body language.*

The endless dialogue in search of a path
is noisier the darker the night.

> *Ears and eyes are not enough;*
> *So we convey by raising waves,*
> *share by creating wind,*
> *solve by breathing out pillars of fire.*

전조前兆

상서로운 전조가 보인다

    흩어지는 구름
    밀려드는 빛살 속
    어지러이 소용돌이치는
    나뭇잎 풀잎 꽃잎들
    그들의 꿈과 뜻과 영광들
    모두에서 풀려나 춤춘다
    새 계절이 팔 벌려 맞이한다

하늘 문이 곧 열려 오리라

    비바람 속에
    번개와 천둥 치고
    지진과 해일 일며
    우박과 눈보라 사납게
    하늘과 땅을 온통 뒤 덮더니
    어둠 뚫는 빛의 장관이 드러난다
    하늘의 언약궤가 곧 모습을 보이리라

Aura

An auspicious sign is within sight:

> Amongst scattering clouds and
> a blinding influx of rays of light,
> leaves, blades of grass, flower petals and
> their dreams, purposes and glories
> are flying in a chaotic swirl.
> They are released from all into a jubilant dance.
> A new season welcomes all with open arms.

The gate to heaven shall soon open:

> In the rain and wind
> lightning strikes, thunder rumbles
> the earth shakes, tidal waves surge
> a flurry of hail and snow ferociously
> fill the skies, cover the land, when suddenly
> a magnificent ray of light shines through darkness.
> The ark of the covenant shall soon appear in the sky.

새로운 질서가 곧 다가오리라

    우리의 여정은 여기를 스쳐
    태양을 넘어 깊은 우주 속
    바람과 파도와 불길을 지나
    눈부신 빛살의 큰 물결에 실려
    영원으로 날아 들어가는 날개
    언제나 호흡과 박동이 발랄한
    끝없는 계절이 우리를 기다리리라

A new order shall come near:

> Our journey shall pass through this place,
> travel over the sun deep into outer space,
> run past winds and waves and fires.
> It is the wings that fly into eternity
> carried by a dazzling brilliance of tall waves.
> In breathing and pulsating always full of vigor,
> an endless season shall await us.

먼 장래

우리의 먼 장래는
끝없는 장려 속으로
이끌려 들어가리라
    지평 너머가 어찌
    밑 없는 구렁텅이랴
    어리석었던 한 시절
    그런 때가 있었지

그지없는 기쁨 속으로
가없는 평화 속으로
솟아오르리라
    깊은 우주 속이 어찌
    혼도 없고 어둡기만 하랴
    두려워하던 한 시절
    그런 때가 있었지

Far Into the Future

Our distant future
shall be drawn into
endless splendor.
> *How could there be beyond the horizon*
> *a bottomless abyss?*
> *Once upon a time this was true*
> *when the world was still foolish.*

Into infinite bliss
into eternal peace
it shall soar.
> *How could the deep universe be*
> *entirely soulless and dark inside?*
> *Once upon a time this was true*
> *when the world was still afraid.*

마무르기

고름 주머니가 속에 있으니
절개하고 들어가 짜 내야지
자르고 후비고 밀어내기
모두 필요하고 중요하지
한창 작업을 하다 보면
한군데 너무 열중한 나머지
왜 하는지를 깜빡하기도 하지
새살이 돋아나와 빈자리가
메꾸어지고 상처가 아물도록
마무르기를 잘 해 내야지

  배농 관을 잘 다스려라
  너무 빨리 빼면
  고름이 남은 채 겉만 아물고
  너무 오래 두면
  새살이 갇히어 못 돋아난다

암 덩어리가 깊이 있으니
파헤치고 들어가 잘라 내야지
몸통은 물론 뿌리도 가지도
몽땅 도려내 흔적도 없애야지

The Final Touch

A pocket of pus has pooled inside,
so you must slice into the flesh and squeeze it out.
Cutting, scraping out and pushing aside are
all necessary and important.
In the height of your working,
through excess of eagerness,
you may forget why you are doing it.
In order for the new regenerating tissue
to fill up the empty space and heal the wound,
the final touch is a matter of paramount importance.

> *Use the draining tube properly.*
> *If you pull it out too early*
> *only the surface will heal with pus still inside.*
> *If you leave it in too long*
> *it will block any tissue from regenerating.*

A lump of cancer is found deep inside,
so you must dig into the flesh and cut it out.
Not only the trunk but also the roots and branches
should totally be eliminated without any trace.

나쁜 세포가 퍼지지 못하게
입구도 출구도 잘 단속해야지
지나치면 손해 끼치기 쉽고
성급하면 목적을 놓치게 된다
하고자하는 바가 무었이냐
우아하게 오래 사는 게 아니냐

    걸작을 만들어 내고 싶으냐
    초벌새김도 중요하지만
    마무르기가 멋지어야지
    솜털을 말끔히 뽑아내라
    잡티를 찾아 몽땅 쪼아내라

To prevent the bad cells from spreading,
strict control is urgent over both the entrance and exit.
Overdone may be worse than undone.
Haste makes you lose the objective.
What is it that you want to do?
Isn't it to live a long, graceful life?

> *Do you want to create a masterpiece?*
> *The first inscriptions are important no doubt*
> *but the final touch has to be appealing.*
> *Pluck out every piece of peach fuzz.*
> *Find every little flaw and peck it all out.*

■ 작품 해설

존재론적 자기 완성을 위한 신성 지향의 종교적 상상력

― 이원로의 시세계

― 유성호 (문학평론가, 한양대 국문과 교수)

■ 작품 해설

존재론적 자기 완성을 위한
신성 지향의 종교적 상상력

— 이원로의 시세계

유성호 (문학평론가, 한양대 국문과 교수)

1.

신앙적 관점에 의하면, 지상의 역사는 창조주의 일관된 계획과 섭리 속에서 시작되고 유지되고 펼쳐져간다. 그런데 창조주와 인간은 항상 인간의 사사로운 욕망 때문에 서로 어긋나는 경우가 많다. 그 어긋남의 과정을 구약 「창세기」는 가장 원초적인 알레고리로 잘 보여준다. 인간의 욕망 때문에 지상은 저주를 받고, 말은 카오스에 빠지며, 상생의 '에덴'Eden은 상쟁相爭의 '실낙원' Paradise Lost으로 몸을 바꾸게 된 것이다. 이 모두가 인간의 과잉 욕망과 오만이 빚은 결과일 것이다. 물론 우리는 신성神聖 지향의 종교적 상상력을 통해 오도된 지상의 질서를 새롭게 바꾸어가려는 열망을 가질 수 있다. 그 안에서 신성의 회복과 함께 새로운 질서로의 순간적 존재 전환을 경험할 수 있을 것이기 때문이다. 우리가 읽게 될 이원로 시인의 시세계는, 카오스와 상처로 가득한 지상의 질서를 새로운 원리로 바꾸려는 이른바 '종교적 상상력'의 뜻 깊은 실례로 다가온다. 단정하게 정립된 세계의 질서에 대한 새삼스런 찬미가 아니라, 새롭게 다가와야 할 세계를 향한 절절한 노래가 말하자면 그의 시편들인 셈이다.

이원로 시인이 가지는 신앙적 꿈은 그 점에서 매우 크고 새롭다. 다시 말하면 그는 시적 언어를 통해 어떤 조화롭고 신성한 세계가 이루어지기를 열망하는데, 그것은 '말'을 다루는 시인으로서 가지는 남다른 자의식이기도 하겠지만, '말씀'으로 세상이 창조된 것처럼 '말씀'으로 새로운 세상이 펼쳐지리라는 종교적 상상력을 함의하기도 한다. 그래서 이원로 시인이 추구하는 시세계는 지상의 혼돈에 대한 안타까움과 그에 대한 치유의 열망으로 나타나는 것이다. 더불어 그것은 오래된 시간을 자신의 영혼 안에 쌓으면서 새로운 시적 표지를 일구어가려는 의지를 담고 있기도 하다. 물론 이러한 성격이 신앙적 자아의 신성 기투企投와 다른 것은 아니지만, 이원로 시학은 신성을 찬미하는 단순성에서 벗어나 이 세계의 혼돈과 시간의 침묵을 읽는 깊은 눈에 본질을 두고 있는 것이다.

이번에 펴내는 신작시집 『시간의 주름』(포엠포엠, 2015)에는 이

렇듯 "경이롭고 장엄한 시간의 주름이 이루어져가는 과정"(「시인의 말」)이 깊이 담겨 있다. 한영대역韓英對譯 시집으로서의 체재를 갖춘 이번 시집에서 이원로 시인은, 일상의 매순간 신성한 존재로부터 경험하는 기적의 시간들을 노래한다. 더불어 그러한 기적을 분별하고 받아들이는 '눈'을 보여주면서, 거룩한 창조주에 대한 외경과 몰입을 한사코 수행한다. 나아가 지상에서 고단한 삶을 살아가는 영혼들의 완성을 희원한다. 이 모두가 심미적 이성과 신앙적 감성이 결속되어 펼쳐지는 절실한 언어적 도록圖錄이 아닐 수 없겠다. 이처럼 이원로 시인은 신앙과 미학을 높은 수준에서 결합시키되, 알레고리와 상징 체계를 최소화하면서 구체적 사물의 모양과 소리를 그것 그대로 보고 듣고 묘사하는 지각의 확충을 도모한다. 존재론적 자기 완성을 위한 신성 지향의 종교적 상상력을 통해 가장 구체적인 신앙적 의지를 표출하고 있는 것이다. 이제 그 세계 안으로 들어가 보자.

2.

최근 우리는 초월적이고 영적인 실재보다는 물리적이고 감각적인 표상에 온통 가치를 부여하는 시대를 살아가고 있다. 흔히 디지털 시대로 명명되는 이러한 기율은 우리의 육체와 정신 속에 깊숙이 내면화되어가고 있다. 그러나 이러한 시대는 삶의 오랜 정체성을 허물어뜨리고 오래된 가치에 대한 대대적 혼란을 야기할 가능성을 한껏 내장하게 된다. 이때 이러한 가치의 균열을 치유하고 극복하려는 시적 전망vision이 필요하게 되는데, 이 원로 시인의 작품들은 바로 이러한 치유와 극복의 언어로 구성되어 있다. 그것은 이를테면 궁극적이고 근원적인 일종의 존재론적 기원origin을 추구하는 세계인데, 그 점에서 그의 시는 감각적 실재를 넘어 우리 영혼을 충일하게 감싸려는 영적 기운을 담고 있고, 나아가 신앙에 바탕을 둔 구도자의 시선으로 짜여져 있다고 할 수 있다. 그러한 과정에서 현현하는 신비로움과 그에 대한 미적 외경은 단연 이원로 시학의 저류底流에 흐르는 원동력이라 할 것이다.

> 측량할 수 없이 깊은 당신의 눈을 바라봅니다
> 당신의 신비로운 눈 속으로 끌려 들어갑니다
> 전에 못 보던 놀라운 세상을 우리에게 열어주고자
> 깊이 숨어 있는 크나큰 우주로 우리를 인도하고자
> 그토록 오래 부르시던 당신의 신비로운 눈입니다
>
> (…)
>
> 당신의 불가사의한 눈 속으로 붙들려 들어왔습니다
> 우리의 슬프던 눈이 놀라운 기쁨으로 황홀해집니다
> 아프던 우리의 마음이 지극한 평강으로 가득 찹니다
> 갇히었던 우리의 영혼이 큰 자유 속으로 풀려납니다
> 당신의 눈 속에서 우리가 살 새 우주가 생겨나옵니다
> ―「신비로운 눈」 중에서

이 작품은 이번 시집의 서시序詩로 읽힐 만한 실례이다. 시인은 '당신'으로 지칭되는 절대자의 측량할 수 없이 깊고 신비로운 '눈'을 바라보고 있다. 그리고 자신도 놀라운 힘으로 그 속에 끌려들어간다. 시인은 '당신'의 크나큰 섭리와 역사를 통해 "전에 못 보던 놀라운 세상"을 경험하는 것이다. 이처럼 "깊이 숨어 숨어 있는 크나큰 우주"는 "오래 부르시던 당신의 신비로운 눈"이 인도한 궁극의 본향이 아닐 수 없다. 시인은 바로 그 '눈'을 통해 "우리의 시작과 끝"이 가능해지고, 아울러 경이롭고 아름다운 '춤'도 가능해진다고 노래한다. 이때 무수한 색과 음이 큰 소용돌이를 이루면서 솟구쳐 오르는 "불길과 파도"야말로, 시인이 가지는 열망과 기쁨을 선명하게 드러내는 핵심 이미지들이다. 이토록 황홀하고 지극한 평강 속에서 우리는 새로운 '자유'를 얻고 비로소 "우리가 살 새 우주"가 탄생하는 장면을 목도하는 것이다. 이러한 역동적 과정을 통해 시인은 "때가 차오르는/어느 좋은 날에/놀라운 트임을 보게" 되고 나아가 "때가 무르익는/어느 좋은 날에/우주의 절정을"(「어느 좋은 날」) 알아간다. 한결같이 "열망의 율동들/시공을 넘어서/황홀한 무늬를"(「장려한 선회」) 이루어가는 시간을 잡아내고 있는 것이다.

> 우리의 삶은 멋지고 놀라운 선물
> 기대가 열어가는 설레임의 박동
> 은총을 간구하는 기다림의 눈빛
> 예언을 실현해가는 시간의 바퀴소리

설레임이 있기에
우리는 살아있다
기다림이 있기에
우리에겐 내일이 있다

(…)

우리의 길은 섭리가 풀어주는 약속의 선물
거룩과 환희에 이르도록 창세전에 예정된 여정
슬픔을 드디어 물리치고 참기쁨 속으로 들게 한다
두려움을 끝내 몰아내고 참사랑 속에서 살게 된다

목말라 구하기에
우리는 살아있다
너머를 바라보기에
우리에겐 내일이 있다

―「놀라운 선물」 중에서

이 '놀라운 선물' 역시 이원로 시인 특유의 밀도와 열도가 어우러진 생성적 이미지가 아닐 수 없다. 그만큼 그에게는 우리의 삶 자체가 "멋지고 놀라운 선물"이다. "설레임의 박동"이나 "기다림의 눈빛"이 불러오는 은총과 기적 속에서 예언은 실현되고 내일이 있게 되는 일련의 과정은, 시인에게 "우리의 우주는 기적이 열어가는 선물"이라는 확신을 가져다준다. "오묘한 경이의 심포니"로서의 이 과정은 "감탄과 경외의 소용돌이"를 통해 더욱 더 "섭리가 풀어주는 약속의 선물"로 나아가게 되는데, 더구나 그것은 이미 "창세전에 예정된 여정"이기에 우리로 하여금 슬픔과 두려움을 넘어 기쁨과 참사랑 속에서 살게 하는 것이다. 그렇게 시인은 "영원한 에너지가 펼치는 불멸의 장관"(「채널이 열려온다」)을 통해 "더할 나위 없이 장려한/내일의 우주가 숨어 살"(「오늘과 내일」) 과정을 힘차게 노래하고 있다.

결국 이원로 시편들은 종교적 감각과 신앙에서 발원했으면서도, 인간이 가진 이러한 보편적 욕망에 대해 노래하는 형상으로 우리에게 다가온다. 말하자면 그것은 한결같이 인간과 삶의 원형에 가까운 '에덴'적 형상을 열망하면서도, 정결하고도 열렬한 구도적 자아를 선명하게 형성하게 된다. 이때 우리는 온 우주를 갱신하고 새롭게 열어가는 무변無邊의 상상력, 곧 자연과 인간 혹은 신성과 자유가 가없는 경계에서 만나는 시적 승화 과정을 충일하게 경험하게 되는 것이다. 그 스케일과 역동성이 단연 우뚝하다.

3.

원래 '거룩한 것' the sacred은 감각적이고 구체적인 실재와 따로 떨어져 있는 어떤 것을 지칭하는 개념이다. 이를테면 그것은 그 자체가 분리와 배제를 근본적 속성으로 가지는 초월적인 것이다. 특히 종교적 거룩함을 엿본 사람은 일정하게 배타적이 되기 쉬운데, 체험이라는 것이 거의 절대적인 성격을 띠기 쉽기 때문이다. 하지만 '성聖'이라는 것이 절대적 정체 개념이 아니라 상황에 따라 충분히 변이될 수 있는 관계 개념이라는 것에 눈뜬 이는 종교적 국량에서 그 폭이 넓게 마련이다. '종교적 인간'이라는 것이, 세속에 존재하는 양식과 다른 존재이기를 소망하는 것과는 다른, 세속 안에서 다른 사람과 함께 공존하면서 신성함을 유지하는 뜻을 품고 있다는 것을 알고 있기 때문이다. 이러한 '신성' 차원을 깊이 형상화하기 위해 이원로 시인은 독자적인 '시간'의 내질內質 탐구로 나아간다.

> 불가사의한 흐름의 역사 위에
> 시간이 주름을 놀랍게 지어 간다
> 스쳐 가 버리는 만날 수 없는 것들이
> 돌아오지 않는 돌이킬 수 없는 것들이
> 용마루에 얹히어 떠나려 가버린다
> 골짜기에 가려서 사라져 가버린다

> *세상의 색깔이 하나하나 독특하듯*
> *세상의 모두를 하나하나*
> *유일하게 간직하려고*
> *시간이 끊임없이 주름을 지어 간다*
> *시간이 주름을 잡아간다*
> *우리에게 영원을 가르치려고*
> ―「시간의 주름」 중에서

이원로 시인이 궁구하고 상상하는 시간은 연대기적 크로노스 Chronos가 아니고 우주적 카이로스Kairos에 가까운 것이다. '크로노스'가 일직선적으로 흐르는 연대기적 시간이라면, '카이로스'는 어느 한순간 빛처럼 수직으로 쏟아져 내리는 신성한 시간을 말한다. 말하자면 절대자의 섭리 속에서 진행되고 실현되는 은총의 시간인 셈이다. 그 불가사의한 역사 위에서 시인은 '시간의 주름'을 바라보고 있는데, 이때 시간은 영원을 향해 가면서 "세상의 색깔"들처럼 "끊임없이 주름을 지어"낸다. 그리고 우리는 그 주름을 타고 '영원'에 가 닿게 된다. 말할 것도 없이, 이 발걸음은 "보이지 않던 길이 보이도록/발자국이 길을 드러내어"(「묶인 발자국」)가는 것이며, 동시에 "영원에 닿을 날개이기를"(「돛뿐인 배」) 소망하는 시인 자신이 추구하는 삶의 지향이기도 할 것이다. 그 지향 속에서 시인은 적지 않은 동반자 혹은 동역자들을 만나는데, 그 모습도 눈부신 면모를 띤다.

    우리가 지나가는 모든 길에
    언제나 동행하는 두 친구

    피어나고 떨어지는
    우리의 꽃과 별들

    빛살 속에 춤추는 탄생의 기쁨
    빗발 속에 흐느끼는 소멸의 슬픔

밀려오고 쓸려가는
우리의 기쁨과 슬픔들

―「두 친구」 전문

  그 두 친구란 다름아닌 "꽃과 별"이며 "기쁨과 슬픔"이다. 마치 낮과 밤처럼, 음과 양처럼, 우리의 삶을 감싸고 있는 두 차원의 존재 조건에 대한 긍정과 수용이 이원로 시학의 든든한 배경이 되는 순간이다. 그래서 시인은 "우리가 지나가는 모든 길"에 "꽃과 별"이 언제나 동행하고 있고, 마치 피고 지는 반복 과정처럼 그네들이 우리 삶을 감싸고 있음을 노래한다. 그리고 춤추는 기쁨과 흐느끼는 슬픔 속에서 생성과 소멸의 질서를 교차적으로 경험하게 된다. 그렇게 밀려오고 쓸려가는 우리의 '기쁨'과 '슬픔' 이야말로 우리 삶 자체가 아니겠는가. 이처럼 시인의 눈에는 "환희가 불멸 속에 새겨지는 때/황홀한 빛살이 우주를 덮는 때/가장 높은 데서 내려오는 기쁨이/하늘과 땅을 하나로 만들어"(「지금이 그때」)가는 놀라운 과정이 가파르게 들어오고 있는 것이다.

  결국 이원로 시학은 사실적 인과 관계를 추구하는 것이 아니라 사물들 사이의 전체적 연관을 우주적 차원에서 추구하는 세계라고 말할 수 있다. 그래서 그의 시편들에는 '존재자'를 통한 '존재' 그 자체의 광휘가 스스럼없이 빛나고 있다. 결국 그에게 '종교적 상상력'이란 인간이 자기 자신의 존재값에 대하여 깊이 물으면서 우주론적 절대 타자를 온몸으로 경험하는 인간 실존의 한 사건이며, 자신의 시선이 우주로 확장되어가다가

마침내 다시 자기 자신으로 돌아오는 원형 회귀의 회로를 가지는 것이다. 진정성과 역동성을 아울러 가진 이채로운 세계가 아닐 수 없다.

4.

그런가 하면 이원로 시학에는 시인 자신의 삶을 고스란히 암시하는 한 영혼의 시적 편력이 선연하게 펼쳐진다. 이때 이원로 시인은 스스로 이른바 '남은 자' 의식을 가지게 되는데, 여기서 '남은 자' The Remnants란, 신神의 구원과 심판의 양면적 사역을 내포하는 말이다. 말하자면 그것은 신이 '남은 자'를 돌아오게 하여 구원의 그루터기로 삼는다는 데서 온 말이다. 이원로 시인은 그렇게 스스로 '남은 자'가 되어 이 지상의 역사를 붙안고 살아간다. 그리고 그 남은 자로서의 의식과 지향이 그로 하여금 이 땅에서 '시간의 주름'을 만들어가게끔 하는 것이다.

> 빛과 어둠이 어울려 춤추는 무대 위
> 숭고의 리듬이 은밀히 엮어 나아가는
> 꿈과 추억의 파도를 타고
> 어제의 우리가
> 오늘의 우리가 되고
> 내일의 우리로 되어간다

측량할 수 없이 높은

별 너머 아주 높은 곳에

우리의 마음을 붙들어 매자

우리의 생각을 동여매자

두려움과 사랑이 어울려 춤추는 무대 위

경외의 리듬이 측은히 엮어 나아가는

소망과 믿음의 파도를 타고

어제의 우리가

오늘의 우리가 되고

내일의 우리로 되어간다

측량할 수 없이 깊은

우주 너머 아주 깊은 곳에

우리의 인식을 붙들어 매자

우리의 영혼의 닻을 내리자

―「영혼의 닻」 전문

   가령 시인의 영혼은 "빛과 어둠이 어울려 춤추는 무대 위"에서 "숭고의 리듬"을 따라 시간을 이어간다. 그렇게 은은하고도 아름답게 엮어가는 시간들이 "측량할 수 없이 높은/별 너머 아주 높은 곳"으로 시인의 마음과 생각을 붙잡아매어 인도하고 있는 것이다. 그리고 시인은 "두려움과 사랑이 어울려 춤추는 무대 위"에서 "경외의 리듬"이 "소망과 믿음의 파도"를 타고 "측량할 수 없이 깊은/우주 너머 아주 깊은 곳"으로 한 걸음 한 걸음 나아가는 순간들을 보여준다. 거기에 "영혼의 닻"을 내리는 시인은, 비록 '우리'라는 복수 1인칭의 화법으로 짜여 있지만, 그 안에 고스란히 자신의 실존적 고백을 저며넣고 있는 것이다. 이는 마치 "마음이 트일 것 같은 놀라운 그런 날이기에/안보이던 것이 보이는 신비로운 체험이 있으리라/영혼이 트일 것 같은 황홀한 그런 날이기에/안들리던 것이 들리는 놀라운 드러냄이 있으리라"(「그런 날」)라고 노래했던 그 열렬한 다짐과 의지가 그대로 충일하게 재현되는 장면이기도 할 것이다.

    끝으로 밀렸다고
    울부짖지 마라
       마중불을 지펴 올려라
       놀라운 불길이 들어오리라
    매인 것이 풀려지리라
    닫힌 것이 열려지리라

    밑에 깔렸다고
    괴로워하지 마라
       마중바람을 피워 올려라
       놀라운 바람이 불어치리라
    새 눈이 밝아 오리라
    새 시작이 다가오리라

벼랑에 매달렸다고
두려워하지 마라
  마중불이 큰 불길을 솟아 올리리라
  마중바람이 큰 바람을 일으키리라
드디어 두려움이 사라지리라
이윽고 울부짖음이 불려 가리라

                              ―「마중불」 전문

  원래 '마중물'이란 펌프에서 물이 잘 안 나올 때 물을 끌어올리기 위하여 위에서 붓는 물을 말한다. 따라서 '마중불'이란 더 뜨겁고 가치 있는 불을 맞이하기 위하여 시인이 마련한 예비적 '불'의 심상일 것이다. 마지막까지 밀렸다고 느껴질 때 시인은 '마중불'을 지펴 올릴 것을 상상한다. 그때 "놀라운 불길"이 들어와 오히려 매인 것이 풀리고 닫힌 것이 열릴 것이기 때문이다. 마찬가지로 '마중바람'은 "놀라운 바람"을 불러와 새 눈을 밝게 할 것이다. 그렇게 '마중불'과 '마중바람'이 일으킨 새 역사가 두려움과 울부짖음을 구축驅逐하게 되는 것이다. 이처럼 시인은 "미지에서 미지로 옮겨 사는/우리는 시공에 묶인 영혼들"(「허상」)임을 직시하면서도, '영혼의 닻'을 내린 채 '마중불'을 피우며 새로운 차원으로의 존재 전환을 꾀한다. 말할 것도 없이, 이는 우리 시대의 가파른 영혼이 자기 완성을 욕망하는 한 과정일 것이다.

  아닌 게 아니라 지금은 과학 기술 복합체가 쌓아올린 신전에서 일상적 예배와 희생 제의를 치러가는 시대이다. 그 과정에서 제물로 채택된 것은, 인간 의지의 자율성과 온갖 신성한 것들의 가치일 것이다. 물론 이 둘은 모순율 관계에 있는 양극의 가치다. 주체의 자율성을 강조하면 할수록 신성의 빛은 바래지고, 신성을 강조하면 할수록 자율성이 부정되는 것을 전제하지 않을 수 없기 때문이다. 따라서 우리는 인간 주체의 자율적 시각과 강렬한 신성 탐구 의지를 동시에 추구하는 균형 감각을 가져야 한다. 이성의 타자로서의 종교 의식儀式, 언어, 경험, 지각, 상징 체계 등에 대한 관심을 본격화하여 그것을 인간의 삶의 원리로 각인하고 그것에 일정한 준거의 위상을 부여해야 한다. 우리가 보기에 이원로 시학은 이러한 과제에 적극 부응하는 시학적 전거들을 마련해가고 있다 할 것이다.

5.

일반적으로 '종교'란, 인간이 자기 자신의 존재값에 대하여 깊이 묻고 따지는 데서 생기는 인간 실존의 한 사건이다. 이때 그 실존적 사건의 매개가 되는 것이 인간의 이른바 '궁극적 관심' ultimate concern일 것이다. 그러나 궁극적 실재에 대한 관심은 또다시 자기 질문으로 순환하고 그 해답을 쫓아 인간은 실존적 결단을 해가며 삶을 영위하게 된다. 따라서 종교는 인간의 이러한 자기 인식이나 성찰과 뗄 수 없으며 삶을 떠나서는 생각할 수 없는 어떤 것이다. 종교적 삶이 합리주의와 초월성이라는 두 경계선을 부단히 오가야만 하는 까닭도 바로 여기에 있을 것이다.

곧 종교적 상상력이란, 자기 자신을 포함한 인간의 역사와 현실에 관심을 투사하는 일과 절대적인 궁극적 실재에 대한 관심을 가지는 일의 양 측면을 아울러 이름하는 것이다. 이원로 시인은 이러한 양극의 운동을 통해 실존적 자기 완성을 지향한다. 그리고 그 완성의 과정은 '수확收穫'이라는 이름으로 갈무리된다.

> 수확기는 결산의 계절
> 뿌린 씨를
> 풍성히 키우고
> 잘 여물려
> 좋은 열매로
> 거두어들이는 때
>
> 어둠의 가라지들은
> 모두 골라내어
> 함께 묶어
> 태워 버리고
> 빛의 열매만
> 곳간에 들인다
>
> 수확기는 계시의 계절
> 빛씨를 심어 열매를 맺고
> 잘 영근 씨눈을 간직한다
> 정해진 때에 씨눈을 틔워

다시 빛을 세상에 피워낸다
빛이 영원함을 모두에 알린다

거두시는 이도
거두어지는 이도
버려지는 이도
나름대로
몸과 마음과 영혼에
슬픔과 아픔이 있다

―「수확기」 전문

 삶을 결산하는 '수확기'에 이원로 시인은 "뿌린 씨를/풍성히 키우고/잘 여물려/좋은 열매로/거두어들이는" 과정으로 한 걸음씩 나아간다. "어둠의 가라지들"은 골라내 태워버리고 "빛의 열매"만 정성스레 거두어들인다. 이렇게 '빛/어둠'의 확연한 대위對位 속에서 시인은 어둠을 물리치고 빛을 긍정하면서 풍요로운 결실을 욕망한다. 그런가 하면 '수확기'는 우리에게 신성한 계시를 주기도 하는데, 이때 '계시'revelation란 가령 세상을 밝히고 여물게 하는 '영원한 빛'의 다른 이름일 것이다. 이렇게 시인은 "거두시는 이도/거두어지는 이도/버려지는 이도" 모두 "몸과 마음과 영혼에/슬픔과 아픔"을 간직한 채 살아감을 적극 노래한다. 그 평등하고도 놀라운 수확이야말로 우리 삶에서 "진정한 철은 완료형이 아닌 진행형/진리가 이끌어주는 깨달음의 은사/결코 자랑 않는 이만 받는 귀한 선물"(「철들 무렵」)이 아닐 것인가.

> 짙은 빛깔의 분출 후 밀려오는 흑암
> 　두려움이 가득한 가슴에는
> 　슬픔의 파도가 출렁거린다
> 　우러러 바라보는 머리에는
> 　환희의 불길이 솟아오른다
>
> 소리의 절정 뒤 채워 들어오는 고요
> 　빛깔을 만끽 못하는
> 　어둠의 노예
> 　환희에도 춤 못 추는
> 　두려움의 노예
>
> 고요 속에 소리 흑암 속에 빛깔이 있다
> 　의심의 노예가 되어 있기에
> 　축복 속에서도 기쁨이 없다
> 　바라보는 이 두렵지 않으리
> 　기다리는 이 어둡지 않으리
>
> —「소리와 고요」 전문

　빛과 어둠처럼, 생성과 소멸처럼, '소리'와 '고요'는 서로 반대의 속성을 지닌 상태를 말하는 것일 터이다. 하지만 '소리'와 '고요'는 우리 삶을 구성하는 양면적 속성일 뿐, 그 자체로 절대적 대립성을 띠는 것은 결코 아니다. 마찬가지로 "슬픔의 파도"와 "환희의 불길" 역시, 반대편에서 서로를 비추는 삶의 호혜적 운동에 불과할 것이다. 그래서 "소리의 절정 뒤 채워 들어오는 고요"는 어둡고 두려운 삶을 완성해가는 천혜의 물질적 조건이 될 수밖에 없다. 이처럼 이원로 시인은 역설적인 "새로운 질서"(「전조(前兆)Aura」)로서의 우주의 구성체를 본질적으로 욕망하면서, 가장 형이상학적이고 근원적인 가치를 구성하는 근본적 상상력을 새삼 발휘한다. 우리 시단에서 매우 드문 형이상학적 의미망을 구현하고 있는 것이다.

지금까지 읽어온 것처럼, 이원로 신작시집에는 우주적 스케일과 자기 실현 의지가 놀라운 스케일과 밀도로 구현되어 있다. 그는 정신적이고 영적인 실재를 지향하면서, 존재의 본질로 직핍하려는 의지를 한결같이 드러낸다. 그런 의미에서 이원로 시인의 사유 방식은 관념론의 한 형태인 기독교적 실존주의에 바탕을 두고 있으며, 그는 인간 존재를 신 앞에 던져진 유한한 존재로 파악하고 그 안에서 영원을 감득하는 보기 드문 지적 치열성을 보여준다. 그것은 역설적으로 말하여 그에게 자기 완성 및 자기 구원의 한 방법이었을 것이다. 그 방법적 동선動線을 따라, 우리는 이원로 시인만이 구성할 수 있는 실존적 사건과 만나게 된다. 이는 우주론적 스케일을 바탕으로 한, 존재론적 자기 완성을 위한 신성 지향의 종교적 상상력에 의해 가능한 것이었다고 말할 수 있을 것이다. 융융하고 중중한 개성적 음역音域이 아닐 수 없다.

이원로
Lee Won-Ro

　시인이자 의사(심장전문의), 교수, 명예의료원장, 전.대학교 총장인 이원로 시인은 월간문학으로 등단, 『빛과 소리를 넘어서』, 『햇빛 유난한 날에』, 『청진기와 망원경』, 『팬터마임』, 『피아니시모』, 『모자이크』, 『순간의 창』, 『바람의 지도』, 『우주의 배꼽』, 『시집가는 날』, 『시냅스』, 『기적은 어디에나』, 『화이부동』, 『신호 추적자』 등을 출간했다. 시집 외에도 그는 전공분야의 교과서와 의학정보를 일반인들에게 쉽게 전달하기 위한 실용서를 여러 권 집필했다.

　이원로 시인의 시세계에는 생명의 근원적 주제에 대한 탐색이 담겨져 있다. 그의 작품은 과학과 의학에서 유래된 지혜와 지식을 배경으로 기민한 통찰력과 상상력을 동원하여 진실하고 아름답고 영원한 우주를 추구하고 있다. 그의 시는 순화된 색조와 우아한 운율의 언어로 예술적 동경을 수놓아간다. 이원로 시인은 과학과 의학전문가로서의 지성적, 감성적, 영적 경험을 바탕으로 그의 독특한 예술 세계를 개척해가고 있다.

　이 시집 『시간의 주름』을 비롯하여 『시집가는 날』, 『시냅스』, 『기적은 어디에나』, 『화이부동』, 『신호 추적자』의 전자책 버전은 Amazon.com에서 구입할 수 있다. 저자의 홈페이지는 www.comd.com이다.

About the Author
Lee Won-Ro

Poet as well as medical doctor(cardiologist), professor, hon. chancellor of hospitals, fmr. university president, Lee won-Ro's career has been prominent in his brilliant literary activities along with his extensive experiences and contributions in medical science and practice. Lee Won-Ro is the author of fifteen poetry books. He also published extensively including nine books related to medicine both for professionals and general readership.

Lee Won-Ro's poetic world pursues the universal themes with profound aesthetic enthusiasm. His work combines wisdom and knowledge derived from his scientific background with his artistic power stemming from creative imagination and astute intuition. Lee Won-Ro's verse embroiders refined tints and serene tones on the fabric of embellished words. Poet Lee Won-Ro explores the universe in conjunction with his expertise in intellectual, affective and spiritual domains as a specialist in medicine and science.

E-book versions of this book 'Wrinkles in Time' along with 'Wedding Day', 'Synapse', 'Miracles are Everywhere', 'Unity in Variety' and 'Signal Hunter' are available at Amazon.com. Author's home page is www.cormd.com

이 도서의 국립중앙도서관 출판시도서목록(CIP)은 서지정보유통지원시스템 홈페이지 (http://seji.nl.go.kr)와 국가자료공동목록시스템(http://www.nl.go.kr/kolisnet)에서 이용하실 수 있습니다.(CIP제어번호:CIP2015016749)

포엠포엠 시인선 008

시간의 주름
Wrinkles in Time

초판 1쇄 발행 2015년 6월 25일

지은이 이원로
한영번역 이원로, 이대통역번역연구소
펴낸이 한창옥 성국
디자인 성국

펴낸곳 도서출판 **포엠포엠 POEMPOEM**
출판등록 25100-2012-000083
본사 서울시 송파구 잠실로 62 트리지움 308-1603 (05555)
편집실 부산시 해운대구 마린시티 3로 37 오르듀 1322 (48118)
출간 문의 010-4563-0347, 02-413-7888 FAX. 051-911-3888
메일 poempoem@hanmail.net
홈페이지 www.poempoem.kr

제작 및 공급처 산업디자인전문회사 두손컴

정가 10,000원

ISBN 978-11-86668-00-9 03810

ⓒ이원로, 2015

* 저자와 협의 아래 인지를 생략합니다.
* 이 책의 저작권은 저자와 출판사에 있습니다.
* 저자 허락과 출판사 동의 없이 무단 전재 및 복제를 금합니다.
* 잘못 만들어진 책은 바꿔드립니다.

Wrinkles in Time
POEMPOEM Poetry Collection 008

1st Print of 1st Edition June 25, 2015

Author Lee Won-Ro
Translator Lee Won-Ro, Ewha Research Institute for Translation Studies
Executive Director Han Chang-Ok, Sung Gook
Designer Sung Gook

POEMPOEM Publisher
Registered publication 25100-2012-000083
Address 308-1603, Ill-Zium Apt., 62, Jamsil-ro, Songpa-gu, Seoul, Korea (05555)
1322, Oreudyu, 37, Marine city 3-ro, Haeundae-gu, Busan, Korea (48118)
TelePhone (+82)10-4563-0347, (+82)2-413-7888 FAX. (+82)51-911-3888
Email poempoem@hanmail.net
Website www.poempoem.kr

Production and supplier Industrial design company Doosoncomm

Price ₩ 10,000

ISBN 978-11-86668-00-9 03810

Copyright © 2015 **Lee Won-Ro**
All Rights Reserved
No part of this book may be reproduced in any form without
written permission from the publisher.
Printed in the Republic of Korea

www.poempoem.kr